图书馆管理与资源开发建设研究

李 伶 著

吉林出版集团股份有限公司

图书在版编目(CIP)数据

图书馆管理与资源开发建设研究 / 李伶著. -- 长春：吉林出版集团股份有限公司,2022.6

ISBN 978-7-5731-1626-0

Ⅰ．①图… Ⅱ．①李… Ⅲ．①图书馆管理-研究②图书馆-信息资源-资源建设-研究Ⅳ．①G25

中国版本图书馆 CIP 数据核字(2022)第 110796 号

图书馆管理与资源开发建设研究
TUSHUGUAN GUANLI YU ZIYUAN KAIFA JIANSHE YANJIU

出 版 人：吴　强
著　　者：李　伶
责任编辑：赫金玲
装帧设计：中图时代
开　　本：710 mm×1000 mm　1/16
印　　张：13.25
字　　数：220 千字
版　　次：2022 年 6 月第 1 版
印　　次：2022 年 8 月第 1 次印刷

出　　版：吉林出版集团股份有限公司
发　　行：吉林音像出版社有限责任公司
地　　址：吉林省长春市南关区福祉大路 5788 号
电　　话：0431-81629667
印　　刷：三河市嵩川印刷有限公司

ISBN 978-7-5731-1626-0　定价:60.00 元

目 录

第一章 文献资源建设工作概论 ... 1
- 第一节 文献的含义及其类型 ... 1
- 第二节 藏书建设工作概述 ... 10

第二章 图书采访工作 ... 16
- 第一节 图书采访概述 ... 16
- 第二节 图书采集的方法 ... 21

第三章 图书分类工作 ... 33
- 第一节 我国图书馆分类法 ... 33
- 第二节 国外常用图书分类法 ... 55
- 第三节 图书分类标引规则 ... 66
- 第四节 各类图书的分类方法 ... 74

第四章 文献主题标引工作 ... 114
- 第一节 文献主题标引概述 ... 114
- 第二节 文献主题分析的方法与步骤 ... 124
- 第三节 分类主题一体化 ... 153

第五章 图书著录工作 ... 164
- 第一节 图书著录概述 ... 164
- 第二节 图书著录的方法 ... 171

第六章 计算机编目 ... 201
- 第一节 计算机编目的发展 ... 201
- 第二节 联机编目 ... 204

参考文献 ... 208

第一章 文献资源建设工作概论

随着社会的进步和图书情报事业的发展,图书馆馆藏的类型发生了很大变化,除了包括印刷型的图书、报刊、政府出版物、学术论文、专利资料等外,还包括非印刷型的缩微资料、声像资料、电子出版物,而且随着科学技术的发展,非印刷型资料在图书馆藏书中的比例还会日趋增加。

第一节 文献的含义及其类型

文献是藏书建设的基本对象,因此了解文献的本质含义、构成要素、类型和功能,能够帮助我们从根本上把握现代文献的特征,更好地理解图书馆文献资源建设的内容,掌握文献资源建设的规律和方法。

一、文献概述

文献是人类社会文明的产物,它的产生和发展有着悠久的历史。随着科学技术的迅速发展,人类发明了各种各样的信息载体材料,记录知识信息的方式也变得多种多样。例如,文献载体材料的发展经过了甲骨、陶器、玉器、石头、竹简、缣帛、纸张、缩微平片、缩微胶片、光盘、磁盘等各种不同形态,目前已经逐步进入现代多元化并存的时期;文献记录手段从铭、刻、抄、写过渡到印刷,进而发展到采用电、磁、光等现代技术记录手段。因此,广义的"文献"泛指多种载体材料的文献,如印刷型文献、缩微型文献、声像资料,以及存储在磁带、光盘、磁盘等载体上的大量电子文献;狭义的"文献"专指具有历史保存价值和现实使用价值的书刊和文物资料,包括各学科重要的书刊资料以及历史文物档案材料。所以说,"文献"含义的发展演变过程实际上是信息载体和信息记录手段发展的过程。

关于"文献"的定义,国际标准化组织在《文献情报术语国际标准》(ISO/DIS 5217)中的定义为:"文献是在存储、检索、利用或传递记录信息的过程中,可作为一个单元处理的,在载体内、载体上或依附载体而存储有信息或数据的载体。"我国国家标准《文献著录总则》给文献下的定义是:"文献是记录有知识的一切载体。"可见,人类的知识信息以文字、图形、代码、符号、声频、视频等形式,用一定的技术手段记载在物质载体上而形成的记录,通称为"文献"。

二、文献的构成要素

随着科学技术的发展,文献的载体形式不断推陈出新,信息记录与存储技术不断进步,信息内容涉及的学科范畴越来越宽。但是,无论文献的内容和载体形态如何发展变化,文献的构成都离不开信息内容、载体材料、记录符号、制作方式和载体形态这五个基本要素。

1. 信息内容

信息内容是指文献中记录的人类在生产和社会生活中获得的信息、经过积累总结形成的知识,是文献构成中最基本的要素。文献就是人类所积累和创造的知识财富的物化,它的本质是信息、知识,没有信息,知识内容就不能称其为文献。所以,信息内容是文献的灵魂所在,文献是信息、知识及其所依附载体的总和。

2. 载体材料

载体材料是指能够记录知识、信息的各种物质实体,是人类传播和交流知识信息的媒介。随着人类社会文明的发展,知识和信息越来越多,文献数量也越来越大。作为文献载体的材料,也经历了由体内向体外、由笨重到轻便、由昂贵到廉价、由低密度到高密度的发展过程。从知识和信息的存储方式来看,有体内存储和体外存储两种。体内存储的载体是人类的大脑,体外存储的载体是实物和文献。

大脑载体是一种自然的体内存储载体,也是一种活载体。大脑载体通过眼、耳、口、手等各种手段吸收、存储、加工和输出知识、信息,其容量相当大。但是,大脑载体也有很大的局限性,具体表现在:大脑存储的知识是有限的;大脑存储只能通过人与人之间的对话才能进行传递和交流,受时间和空间的限制;大脑存储会随着人的死亡而消失;大脑存储不能对信息和知识进行系统组织等。

实物载体是将知识信息记录在动物、植物、文物以及金属材料等材料上,用来宣传、纪念和欣赏,对研究历史相当有参考价值。实物载体的缺点是体积大、信息容量小,不易传播与交流。

文献载体是专门用于记录和传播知识信息的材料,属于体外存储载体。作为文献载体材料,应该具有适合信息存储和传播的特点。首先,要有较高的信息存储量;其次,性能要稳定,信息交流传播不受时间和空间的限制,并能够长期保存;第三,价格要低廉,便于公众获得与利用。现代文献所用的载体材料多种多样,除纸张外,还有胶卷、胶片、磁带、光盘、磁盘等。

3. 记录符号

记录符号是记录信息的工具和表达信息内容的手段,通常指语言文字、数字、声音、图像、公式、代码等。信息内容只有用被赋予特定含义的符号表示出来,才能进行存储和传播。记录符号的发展经历了结绳、刻木、绘图、画像、象形文字、表意(表音)文字、声频符号、视频符号、各种数字代码等过程。由于语言文字是人们互相交流交往最通用的信息记录符号,具有可读、可记、可理解的特点,在印刷型文献中广泛使用。随着现代网络技术与通信讯技术的发展,一种融文字、声音、影像等多种记录符号于一体的新型多媒体文献迅速普及和应用。

4. 制作方式

制作方式是指在文献载体上记录信息内容的生产记录方式,主要有刀刻、笔写、印刷、照相复制、打字、录制、摄影等。其中,印刷和打字是当前最主要的两种制作方式。

5. 载体形态

载体形态是指文献载体所具备的外部形态和特征。例如,图书是平装、精装还是线装;胶卷、胶片、磁带是用盒装、函装还是匣装;地图是轴还是册等。

从文献的构成要素可以看出,文献既不属于纯物质的范畴,也不属于纯精神的范畴。它是一种特殊的社会产品,是一定的信息内容和一定的载体材料的统一体。文献的根本属性是信息内容,文献一经产生,就完全脱离人脑而独立存在。在文献的传播与交流过程中,凝聚在文献中的信息、知识不断扩散。

三、文献的功能

文献的出现,意味着知识可以独立存在并广泛传播,也意味着人类可以通过阅读文献进一步认识自然界、改造自然界。文献的价值是文献所含知识内容的价值,文献的知识含量越高,其价值就越大。文献资源不像自然资源那样随着开发和利用的深入而逐渐枯竭,它天生具有再生性、共享性,被利用的次数越多,它所创造的价值就越大。从文献的基本功能来看,主要有认识功能、存储功能和传递功能。

1. 认识功能

在文献产生之前,人类认识世界完全靠眼、耳、鼻、舌等自身器官,因这些器官都有很大的局限,影响了对客观世界更全面更直接的认识。文献产生以后,人类通过阅读文献,就可认识过去的世界,了解现在的世界,预测未来的世界。文献就像人类发明的指南针、望远镜、显微镜等工具一样,延长了人类的各种认识器官,极大地提高了人类认识世界的能力。

2. 存储功能

人类在改造自然和改造社会的实践中所获得的知识和成果,大多数都要通过文献存储下来。文献是人类知识的宝库,它汇集着人类世代的知识结晶,积累着无数的事实、数据、假说、构想、理论、定义、方法等,记载着无数的经验教训,反映着科学文化的时代水平,是人类文明发展史的见证。如果没有文献,人类的知识就不能集中、延续和继承,人类社会的发展将难以想象。

3. 传递功能

文献是作为知识信息的传递工具出现并存在于社会上的,其传递功能表现在纵向和横向两个方面。从纵向看,文献的流传为人类知识的继承提供了条件,人们通过阅读文献就可了解文献所保存的前人的知识,不去重复前人已经做过的事情,缩短实现奋斗目标的路程;从横向看,文献打破了地域的界限,带来了人类知识的传播和融合,成为联系世界和沟通全人类思想的纽带。

文献的认识功能、存储功能、传递功能是相辅相成的,存储功能是基础,传递功能是中介,认识功能是目的。如果没有知识的存储就没有知识的传递,知识不进行传递也就无法再利用,人类也就无法从中认识世界。所以说,文献不仅仅是信息存储和交流的工具,更是促进知识积累、重组和再创造的智力资源,是推动人类历史生生不息向前发展的强大力量。

四、文献的类型

现代文献的类型多种多样，人们根据不同的需要、从不同的角度、按照文献的不同属性来划分其类型，形成多种多样的划分方法。

1. 按文献的载体材料划分

按照文献的载体材料可将文献划分为印刷型文献、缩微型文献、声像型文献和机读型文献。

（1）印刷型文献

印刷型文献是以纸张为贮存介质、以印刷为记录手段生产出来的文献，其特点是便于阅读和流通。按编辑与出版的形式特点，印刷型文献可以划分为图书、期刊、报纸以及特种文献。

图书是用文字、图像或其他符号手写或印刷于纸张等形式的载体上，具有一定篇幅并制成卷册的非连续性文献。从内容来看，图书反映了人类的思想，记录了人类对周围环境的认识、生产经验和科学实验，具有主题突出、全面系统、成熟可靠等特点，是读者系统了解和掌握一门学科知识的最基本文献。根据联合国教科文组织的规定，现代图书的篇幅除封面外应不少于49页，超过5页但不足49页（封面除外）的不定期出版物称为小册子。小册子通常是非连续出版的独立实体，未经正式装订或简单装订成册，但可能是具有同一版式同一主题的丛书的一个单元。由于出版周期长，图书传递知识和信息的速度较慢。

期刊是有固定名称和版式、定期或不定期出版并计划无限制出版的连续出版物。从形式上看，期刊具有固定的名称、版式以及基本稳定的栏目，有连续的出版序号（如卷、期、年、月号等）；从内容上看，期刊一般刊登多个作者的多篇论文，具有内容新颖、报道及时等特点，可以帮助用户了解最新的研究进展。期刊的类型多种多样，按内容可分为学术类、时事政治类、资料类、检索类以及普及类等。

报纸是每日、每周或每隔一定的时间（通常较短）发行的一种连续出版物，以刊载新闻为主，包括评论文章（如社论）、特写、广告和其他内容的文章，是重要的社会舆论工具和大众传播工具。报纸按范围级别分，有全国性报纸和地方性报纸；按内容性质分，有综合性报纸和专业性报纸；按出版时间分有日报、双日报、周报和月报等。

特种文献资料是不定期的连续出版物,是出版形式比较特殊的科学技术文献资料。如科技报告、政府出版物、会议文献、产品样本、专利、标准、档案资料等。

(2) 缩微型文献

缩微型文献是一种以感光材料为载体、用照相的方式将原始文献缩小后真实地记录下来的文献。缩微型文献有缩微胶卷和缩微平片两种类型,其优点是体积小、重量轻、信息密度大,可节省贮存空间。例如,超缩微倍率可达到千分之一,商品化的 150 倍缩率的平片可将 30 00 余页文献贮存在 105mm×148mm 的胶片上,比印刷品节省贮存空间 98%,重量减轻 95%。缩微型文献的保存期比较长,普通印刷品能保存 100 年,而缩微资料能保存 100~500 年。缩微型文献还具有制作迅速,成本低廉等特点,其价格只相当印刷品的十分之一。缩微型文献具有良好的复制性能,既可缩小又可放大,不走样,不变形。缩微型文献的缺点是使用不便,必须借助于阅读放大机才能阅读。

(3) 声像型文献

声像型文献是以电磁材料、感光材料为贮存介质,以电磁手段或光学手段将声音和图像记录下来而形成的一种文献形式,主要包括唱片、录音录像带、电影胶卷、幻灯片、光盘资料等。声像型文献的特点是:存储信息密度高;用有声语言和图像传递信息;内容直观;表达力强;易于接受和理解;可用来获取和传递一般手段不能获取和传递的各种信息。声像型文献多用于宣传和教育类文献,其缺点是须借助于一定的设备才能阅读。

(4) 机读型文献

机读型文献是通过机器(通常指计算机)实现阅读和处理并存储在某些特殊载体上的信息或数据的集合体。机读型文献有联机型、光盘型和网络型三种。联机型文献以磁性材料为载体,采用计算机技术和磁性存储技术,把文字或图像信息记录在磁带、磁盘、磁鼓等载体上,使用计算机和通信网络,通过程序控制将存入的有关信息读取出来。光盘型文献以特殊光敏材料制成的光盘为载体,将文字、声音、图像等信息采用激光技术、计算机技术,刻录在光盘的盘面上,使用计算机和光盘驱动器,将有关的信息读取出来。网络型文献利用国际互联网中的各种网络数据库读取有关信息。电子型信息资源具有存储信息密度高,读取速度快,易于网络化且网络化程度高,高速度、远距离传输信息的特点,使人类信息知识共享能最大限度地得到实现。

2. 按文献的撰写目的和文体划分

按照文献的撰写目的和文体,可将文献划分为著作、学术论文、专利说明书、科技报告、技术标准、科技档案、产品资料、政策法规文件、消息报道、统计资料、会议资料、宣传材料等。其中信息含量高、学术价值高和使用频率较高的有以下五种。

(1) 著作

著作是作者或编著者在大量收集、整理信息的基础上,对所研究的成果或生产技术经验进行全面归纳、总结、深化的成果,在内容方面具有全面、系统、理论性强、技术成熟可靠的特点。根据其撰写的专深程度、使用对象和目的,著作主要可以分为下列几类:

科学著作,是反映某一学科或专题研究的各类学术性成果,对其中所涉及的问题及现象研究有一定的深度,创造性突出,主要包括科学家撰写的专著和著作集,科研机构、学会编辑出版的论文集等,可供高水平的研究人员使用。

教科书,是专供学习某一学科或专业基本知识教学用的著作。它以教学大纲要求和学生的知识水平为编写准则,着重对基本原理和已知的事实做系统归纳,具有内容全面系统,定义表达准确,叙述由浅入深,循序渐进的独到之处,能给予学习者新的体会和领悟,便于自学。

技术书,是供各级各类工程技术人员参考的技术类著作,系统阐述各种设备的设计原理与结构,生产方法与工艺条件、工艺过程,操作与维修经验等方面的知识,对指导生产实际操作有重要参考价值。

参考工具书,是供查考和检索有关知识或信息的工具性著作,广泛收集比较成熟的知识信息,按一定的规则组织编写而成,主要向使用者提供可参考的知识信息,如事实、数据、定义、观点、结论、公式、人物等。各种百科全书、年鉴、手册、大全、名录、字典、词典等是参考工具书的主要代表。其特点首先是知识信息准确可靠,一般由高水平的专家审定或编撰;其次所提供的知识信息既广采博收,又分析归纳,论述简要;此外,对知识和信息的组织比较科学,易查易检。利用参考工具书可以查找名词术语定义、事实事项、机构、人物、产品、数据、物名、图谱、表谱等。

(2) 学术论文

学术论文是指作者为发布其学术观点或研究成果而撰写的论述性文章。论文内容一般是某一学术课题在理论性、实践性或预测性上具有新的研究成果或创新见解，或是某种已知原理应用于实践中取得新进展的科学总结，向使用者提供有所发现、有所发明、有所创造的知识信息。它具有信息新颖、论述专深、学术性强的特点，是人们交流学术思想的主要媒介，也是开展科学研究参考的主要信息源之一。学术论文按撰写的目的可分为：以论述科学研究理论信息为主的科学论文，以论述科学技术信息为主的技术论文，以某一特定研究主题做专门论述的专题论文，以为申请授予相应学位而撰写的学位论文。

(3) 专利说明书

专利说明书是专利申请人向专利主管部门呈交的有关发明创造的详细技术说明书，是具有知识产权特性的信息资源。专利说明书有经实质审查批准授权的专利说明书和未经实质审查的专利申请公开说明书两种类型。专利技术具有内容新颖、涉及范围广泛等特点。据统计，世界各国每年公布的新专利约105万件，从高深的国防尖端技术到普通的工程技术以及日常生活用品，几乎无所不包。专利说明书具有融技术信息、经济信息、法律信息为一体的特点，是了解掌握世界发明创造和新技术发展趋势的最佳信息资源。有研究显示，在应用研究领域，经常参阅和利用专利说明书，可以缩短研究时间的60%，节省开发费用的40%。

(4) 科技报告

科技报告是用来描述一项研究进展或取得的成果，或一项技术研制试验和评价结果的一种文体。科技报告具有内容新颖、叙述详尽、保密性强等特点，是获取最新信息的重要来源。科技报告一般单独成册，有固定的机构名称和较严格的陈述形式。

(5) 标准文献

标准文献指按规定程序制订、经公认权威机构（主管机关）批准的一整套在特定范围（领域）内必须执行的规则、技术要求等规范性文献。按标准的性质可分为技术标准和管理标准两种。技术标准包括基础标准、产品标准、方法标准、安全和环境保护标准等，管理标准包括技术管理标准、生产组织标准、经济管理标准、行政管理标准、管理业务标准、工作标准等。按标准的适用范围可划分为国际标准、区域性标准、国家标准、专业(部)标准和企业标准。按标准的成熟程度可划分为强制标准、推荐标准、试行标准和标准草案等。

3. 按信息的加工深度划分

按照信息加工的深度,可将文献划分为零次文献、一次文献、二次文献、三次文献和高次文献。

(1) 零次文献

零次文献是指未以公开形式进入社会流通使用的实验记录、会议记录、内部档案、论文草稿、设计草稿等。零次文献的内容非常新颖,但不成熟、不定型、不公开交流,所以通常情况下难以获得。

(2) 一次文献

一次文献是以作者本人的研究工作或研制成果为依据撰写的,已公开发行进入社会并流通使用的专著、学术论文、专利说明书、科技报告等。一次文献包含了新观点、新发明、新技术、新成果,提供了新的知识信息,是创造性劳动的结晶,有直接参考、借鉴和使用的价值,是人们检索和利用的主要对象。

(3) 二次文献

二次文献是对一次文献信息进行整理、加工的产品。例如,我们常用的目录、索引等就是把大量的、分散的、无序的一次文献信息资源收集起来,按照一定的方法进行整理、加工形成的二次文献。二次文献的重要性在于提供了一次文献信息源的线索,是打开一次文献信息资源知识宝库的钥匙,可节省人们查找知识信息的时间。

(4) 三次文献

三次文献是根据一定的目的和需求,在大量利用一、二次文献的基础上,对有关知识信息进行综合、分析、提炼、重组而生成的再生信息资源。各种教科书、技术书、参考工具书、综述等都属三次文献的范畴。三次文献具有综合性高、针对性强、系统性好、信息面广等特点,有较高的实际使用价值,能直接提供参考、借鉴或利用。

(5) 高次文献

高次文献是在对大量一次文献、二次文献、三次文献中的知识信息进行综合、分析、提炼、重组的基础上,加入了作者本人的知识和智慧,在原有的知识信息基础上,生成比原有知识更丰富的新知识信息产品。如专题述评、可行性分析论证报告、信息分析研究报告等,具有参考性强、实用价值高、社会效益和经济效益显著等特点。

第二节 藏书建设工作概述

藏书建设是由藏书规划、选择、收集、整序、组织、管理等环节构成的系统工程,是馆藏文献资源体系的形成、发展的全过程。藏书建设工作是文献资源开发利用的基础和前提,没有对文献资源的建设,则谈不上开发和利用。藏书的数量和质量、藏书的组织和管理水平直接反映图书馆藏书建设质量的高低。因此,藏书建设工作在图书馆各项工作中历来具有重要的地位。

一、馆藏文献资源体系

馆藏文献资源体系是整个社会文献资源的重要组成部分,是图书馆按照本馆的性质、任务和读者对象的需求,从庞大的文献群中选择收集起来,并经过了一系列的科学组织与管理形成的一个规模化、有序化、加工化的文献体系。

所谓"规模化"是指馆藏文献资源具有一定的规模和结构。文献资源是人们迄今为止收集、积累、存储下来的文献资料的总和,馆藏文献收藏越完备,被综合开发利用的机会越多,可能产生的新价值就越大。馆藏文献资源建设就是依据图书情报机构的服务任务与服务对象以及整个社会的文献情报需求,系统地规划、选择、收集、组织管理文献资源,建立具有特定功能的藏书体系的全过程。每一个图书馆,都依照一定的范围、重点,收藏一定数量和质量的各类型文献,形成一个相对独立的具有一定结构和规模的馆藏体系。从馆藏文献的规模看,一般将藏书5万册以下的图书馆称为图书室,藏书5万册至20万册的图书馆称为小型馆,藏书20万册至50万册的图书馆称为中型馆,藏书50万册至100万册的图书馆称为大型馆,藏书100万册至500万册的图书馆称为超大型馆,藏书500万册以上的图书馆称为特大型馆。不同规模的图书馆,在藏书结构与藏书布局、藏书的组织与管理方法、读者类型与满足读者需求的能力等方面都各具特色。

所谓"有序化"是指馆藏文献资源的组织是有序的。馆藏文献资源是按照一定的科学方法和技术组织起来的一个有序化的文献集合,是为公众服务的。为了便于对大量文献的组织、保管、检索、利用,图书馆不但需要按一定的体系布局排列文献并精心保管,而且需要对馆藏文献资源进行分类、著录,建立文献检索系统。

所谓"加工化"是指馆藏文献资源是经过加工的。文献积聚着人类优秀的精神文化成果,馆藏文献资源是供给广大读者使用的公共资源。为了尽可能让更多读者方便使用馆藏文献资源,图书馆应不断加强文献资源的组织和管理,改进服务手段,完善服务设施。例如,图书进入图书馆后需要进行一系列加工处理,如加盖馆藏章、打印财产登记号、分类、编目、粘贴条码号和检索书号等。通过图书馆管理员的追加劳动,馆藏文献直接或间接地转化为新的物质财富和精神财富,从而产生巨大的社会效益和经济效益。

二、藏书建设研究的内容

只有建立体系完善、结构合理、管理科学的文献资源体系,图书馆才能吸引更多的读者,也才能发挥文献的作用,给人类社会带来更多更大的效益。因此,各级各类图书馆都非常重视加强藏书建设研究。作为一项实践性很强的图书馆基础业务工作,藏书建设包括以下五个方面的内容。

1. 藏书体系规划

藏书体系规划是对一段时期内图书馆藏书建设的目标、任务,以及为实现这些目标、任务所需的方法、步骤的安排和规定,是建立藏书体系的蓝图和依据,对藏书建设具有指导性作用。藏书体系规划包括宏观规划和微观规划两个方面。

宏观规划,就是从一个系统、一个地区,乃至全国的整体出发,对文献资源建设进行统筹规划,合理布局,制定各图书情报单位之间在文献收集、存储和利用方面的协调规划,从而形成相互依存、相互联系的整体化、综合化的文献资源体系。宏观规划又分为总体规划和长期规划。总体规划,指一个图书馆对本馆文献资源建设的总方向、指导思想、最终目标等所作的构想与规定,解决文献资源建设中根本性、全局性和长远性的大问题。长期规划,通常有三年规划、五年规划等,主要用于确定规划期内文献资源建设的发展目标、任务及实现的途径和结果。

微观规划，就是每一个具体的图书情报单位，根据本馆的性质、任务和读者对象的需要，确定藏书建设的原则、收藏范围、收藏重点和采购标准，提出本馆藏书构成的基本模式，制定藏书补充计划，安排入藏数量、比例、层次级别，形成有内在联系和特定功能的文献资源结构，建立有重点、有特色的专门化的藏书体系。微观规划在时间上表现为短期规划，如年度计划、季度计划等，是文献资源建设的具体实施计划。藏书发展规划的确定要考虑图书馆的类型、方针任务、读者对象、出版情况、原有藏书基础、经费设备条件以及本地区藏书的分布状况等诸多因素。

由于现代文献的种类繁多，各类文献之间的内容交叉、重复，为了节约有限的文献购置经费，采访工作须运用藏书结构的理论与方法，确定不同学科、不同类型、不同水平的书刊资料在藏书体系中所占的比例，合理配置文献资源，充分发挥馆藏文献的整体功能。制定藏书体系规划需要考虑的内容包括：确定哪些学科或专题作为收藏的对象；确定馆藏图书的收藏级别（如甲级为完整的藏书，乙级为研究水平的，丙级为大学水平的，丁级为基础水平的，戊级为备用藏书）；确定不同文种的比例；确定藏书补充的时间范畴；确定藏书补充的文献类型。一般来讲，文献采访的范围确定时需要考虑上述五个方面的内容，并且需要用书面的方式写出来，以保证此项工作的稳定性，不致造成日后无章可循或者因人而异。

2. 图书采访工作

图书采访，是根据已经确定的藏书建设规划，利用各种途径有计划地选择与收集文献，建立或充实馆藏的过程。图书采访是藏书建设的一项基础性工作，一般包括图书选择和图书采购两个环节。图书选择就是按照图书馆发展要求和用户需求，从大量出版物中选择图书馆需要收集的图书的过程。图书收集就是按照一定的技术规则和程序采购各种出版物的过程。图书的选择与收集，是图书馆文献资源体系的生命力之所在。

3. 图书分类工作

图书分类，就是以图书分类法为工具，根据图书所反映的学科知识内容与其他显著属性特征，给图书赋予分类号的过程。图书分类的作用体现在两个方面：一是按学科知识的体系组织分类排架，将大量的图书组织得井然有序；二是建立分类检索系统，分类检索具有鸟瞰全局的检索效果，可以满足人们按学科门类进行"族性检索"的需要。经过图书分类,图书馆就能按图书的内容特征进行科学组织和管理,使数十万、数百万、甚至数千万的藏书组成一个分门别类、排列有序的藏书体系。图书馆在对图书进行分类标引的同时,一般还要进行主题标引。所谓主题标引,就是以主题词表为工具,用具体事物、对象和问题的主题名称来表示文献知识内容的过程。

主题标引的结果为一个或多个主题词,按主题词字顺把同一主题的文献加以集中,可以适应人们对事物对象与问题进行"特性检索"的需要。

4. 图书著录工作

图书著录,又称图书编目,是指按照某一事先选用的国家拟定的或者本单位自行拟定的著录规则(如"普通图书著录规则""电子出版物著录规则""中文图书编目条例"等),依据一定的标准或者交换格式对揭示图书形式特征和内容特征的规定信息源进行记录的过程。图书著录的目的是建立功能完善的馆藏目录体系,一方面有利于图书馆文献的组织和管理,另一方面有利于读者对海量馆藏文献的利用。由于馆藏文献是按单线排列的,而且处于流动之中,利用馆藏目录,可以更加全面系统、广泛深入地揭示馆藏文献资源体系。

5. 图书典藏工作

图书典藏的任务是合理地安排藏书布局,完整地保存藏书,根据读者需要及时调整藏书分布,保持藏书处于最佳流动状态。图书典藏通过藏书利用中的效果、统计、评价等信息反馈,控制藏书,调节藏书,影响藏书选择、收集与组织,保证藏书体系与图书馆任务和读者需求相符合。

总之,藏书体系规划、图书采访、图书分类、图书著录以及图书典藏构成了藏书建设的基本内容,它们相互联系、相辅相成,共同构成了一个有机的整体,忽视或削弱其中任何一个方面都是不可取的。因此,加强对藏书建设各个环节的基本理论和基本方法的学习与研究,制定藏书建设工作的规范化模式,对图书馆发展具有重要意义。

三、藏书建设的基本原则

藏书建设的原则是图书馆在进行藏书建设过程中所必须遵循的准则。只有正确地和自觉地遵循和贯彻图书馆藏书建设的原则，才能有效地建立具有较高质量和一定数量的藏书体系。在藏书建设过程中，要建立起科学合理的文献资源体系，必须坚持实用性和标准化两大基本原则。

1. 实用性原则

实用性原则，是指从图书馆实际需要出发进行藏书建设。最大限度地满足读者的文献需求是图书馆服务的根本宗旨，因此从文献的选择采购到组织管理必须坚持实用性原则。实用性原则主要体现在，图书馆应根据本馆的社会职能、服务对象和服务任务，确定本馆文献收藏的范围、重点、特色、结构，选择文献采访、组织、管理的形式和方法。

从图书采访角度看，国家图书馆的主要任务是为中央和全国的政治、经济、科学和文化服务，要全面收集、保存各学科有价值的国内文献；有重点、有选择地采集国外文献；收藏文献的类型、类别、文种等方面做到广度与深度的结合，重点与全面的结合。各级公共图书馆是为地方经济、文化、科学发展服务的，全面入藏综合性、通用性的文献、资料，系统收藏具有地方特点的文献。高等学校图书馆的主要任务是为教学和科学研究服务，要系统收集有关专业的教材和教学参考书，重点入藏与学校科研任务有关的文献资料，广泛而有选择地入藏各种课外读物。科学专业图书馆的主要任务是为科学研究服务，要紧密结合本系统、本单位的讲究方向利研究任务，完整系统地收集本专业的国内外文献，有重点地收集相关学科的文献，有选择地收集其他学科的文献。

从图书的组织与管理角度看，图书的分类、编目、排架等工作的组织和开展必须坚持实用性原则，即一切为了读者。例如，图书分类排架的最终目的是方便用户检索，因此，在图书分类排架时要考虑馆藏结构特点和用户检索习惯，合理确定排架类目级别。分类级别太粗，大量的同类文献聚集在一起，用户查找困难，失去了分类排架的意义。相反，类目级别太细，则会大大增加馆员的图书排架的工作量。因此，文献资源建设应一切从实际出发，具体问题具体分析。

2. 标准化原则

标准化原则体现为文献采访、分类与主题标引、编目、典藏等各个操作环节的标准化、规范化。现代信息技术的迅速发展和普遍应用，极大地改变了图书馆藏书建设的工作模式,推动着文献资源建设走共建共享的发展道路。1999年国家图书馆主办了全国文献信息资源共建共享协调会议,会上来自全国的124家图书情报单位共同签署了《全国文献信息资源共建共享倡议书》和《全国图书馆馆际互借公约》,提出建立各具特色的馆藏体系,实行分工购藏;协调外文书刊文献的订购;实施全国网上联合编目;合作开发数字化资源;充分利用网络开展服务;加强并完善馆际互借;扩大业务交流和培训等七方面的共建共享内容。这不仅要求图书馆在文献资源采购方面保持协调统一,还要求文献资源各个加工环节实现标准化、规范化的组织与管理。例如,网络文献采访的兴起突破了时间和空间的限制,使大范围的联合采购成为可能;图书馆自动化系统的发展和对标准化机读目录格式的支持,推动了联合编目和集中编目的发展,很多中小型图书馆的文献编目工作已经转向从大型编目中心直接套录数据,既提高了工作效率,又保证了编目质量;数字图书馆的发展,加快了检索速度,扩大了文献资源的检索范围,使跨馆、跨部门、跨系统、跨地区、跨国界的文献检索成为可能。总之,图书馆事业整体化、自动化的发展趋势,对文献资源建设的标准化提出了更高的要求。

第二章　图书采访工作

图书采访工作是图书馆工作的龙头,是图书馆一切工作的基础,图书采访工作的质量直接关系到图书馆服务的能力和效果。只有做好图书采访工作,建立规模适当、结构合理、质量优良的馆藏体系,才能满足广大读者的需求,更好地贯彻图书馆的方针任务,也才能为图书馆开展其他工作打下坚实的物质基础。

第一节　图书采访概述

一、图书采访的含义

关于图书采访的定义,《中国大百科全书》指出:"图书馆及其他文献情报机构根据各自的目标和读者需要,选择文献并通过购买等多种方式获取文献,以积累和补充馆藏的工作。"从定义可以看出,广义的图书采访包括各种类型文献的采访工作,如图书的采访、期刊的采访、电子出版物的采访、大型文献数据库的采访等,而狭义的图书采访专指图书的采访工作。

二、图书采访的内容

图书采访工作包括制定藏书发展规划、图书选择、图书采集、统计分析、需求调查、馆际协调等内容。各项内容相互关联、相辅相成,忽视或削弱其中的任何一个方面,都会直接影响文献采访的质量。

1. 制定藏书发展规划

制订藏书发展计划,既要根据本馆的性质、任务、读者对象、发展方向和地方特点,同时,还要根据上级部门所拨年购书经费指标的实际情况和本馆设备的承受能力,确定切实可行的藏书建设原则、收藏范围、收藏重点、采购标准,根据需要制订当前和长远的藏书建设计划。例如,数字型图书以其内容广泛、发行迅速、检索准确等优势越来越受到读者的欢迎,图书馆应加大对电子图书的采购,特别是一些大型数字图书数据库,如超星、书生、方正等。但是,在未来很长一段时间内,印刷型文献将仍然是图书馆藏书资源建设的重点。在采购时应考虑数字图书与印刷型图书之间互为补充、相互依存,真正做到满足读者需求。

2. 图书选择

图书采访工作包括图书选择和图书采集两个环节。图书选择主要指选书工作,指要遵循一定的方针、原则,挑选适合且需要的图书。选书是对出版物知识内容和情报价值的选择,具有很强的知识性和学术性,挑选的结果将对藏书质量起决定性作用。所以,选书人员应具有较高的理论水平、较广泛的知识结构并熟悉读者要求与藏书情况。

3. 图书采集

图书采集即购书工作,指采用一定方式和途径收集图书,指按照一定的程序和技术规则采购图书,并要主动地寻找书源,采用多种方式方法,打通各种渠道,利用各种途径,保证收集到已经选定的图书并收集各种出版线索,为选书人员扩大选书范围。购书是一项执行性活动,具有较强的技术性和实践性,要求购书人员具有一定的知识水平,有敏捷的头脑、健壮的体魄以及较强的社会活动能力。

4. 藏书统计

藏书统计是图书采访工作的重要一环,采访人员应做好各种统计分析工作。例如,采访的原始目录征订单等需要存档,对预订和入藏图书种类、册数、资金应定期进行统计,对各类图书比例进行统计分析,对各专业系列投入的资金及图书量进行统计分析。通过建立多种统计分析模型,可以得出一套翔实的分析报表,检查本年度资金投入有无失误,同时也为编制下年度预算提供必要依据。又如,通过分析借阅量与资金之间的关系,可以提高或减少某些图书的采访数量,使资金的流向真正趋向合理,发挥有限经费的最大效益。

5. 读者需求采集

一个优秀的馆藏结构往往不是依靠少数人精心设计就能实现的,在当前文献购置经费普遍紧张的情况下,深入细致地开展读者文献需求调查,一方面可以提高文献采购的目的性和针对性,另一方面可以针对具体需求开展个性化咨询服务。对于高校图书馆来说,专家和读者的意见在图书采购工作中有着重要的地位,许多图书馆都设有图书馆情报委员会或情报教授,负责参与图书馆的信息资源建设,专家选书已形成一个制度。这些专家一般都是某一学科的专才,他们的意见对图书馆信息资源建设的针对性、系统性、准确性具有深远的意义。高校图书馆比较常用的需求信息采集方式有走访调查、问卷调查、读者需求申请表调查等。在传统问卷调查或走访调查中,需要投入大量的时间和精力,而且调查内容少,调查结果统计分析烦琐。由于调查过程中,读者没有充分了解馆藏文献,也不知道最近的出版信息,加上没有掌握文献需求表述方法与技巧,所以读者对文献需求描述存在很大程度的模糊性,致使调查结果缺乏具体性、实用性。随着校园网的应用日益普遍,利用校园网来采集读者文献需求信息不仅省时省力,而且还可以利用网页提供大量的文献信息,提高需求采集的准确性,所以成为读者需求调查的重要途径。目前已有一些图书荐购系统通过发布出版信息,实现了读者网上图书选择、推荐。但遗憾的是,由于没有建立完善的读者需求分类组织体系,采集的读者需求信息是零散的,不系统、不全面,难以用来进行读者需求的系统分析。目前一些重点大学为加强与各院系的联系,充分了解读者文献需求,建立了学科馆员制度,由学科馆员负责某一学科的需求调查与馆藏建设。

6. 馆际协调

馆际协调就是加强与本地区、本系统其他图书馆的互相协作,切实搞好馆际间藏书协调工作。这样,每所图书馆根据其馆藏的重点,分别采集图书,避免重复,可节约购书经费,进而达到资源共享的目的。

三、图书采访的原则

要保障图书采访的质量,必须坚持七个基本原则,即思想性原则、目的性原则、系统性原则、特色化原则、发展与剔除原则、分工协调原则、经济性原则。

1. 思想性原则

思想性原则就是要考虑图书的政治意义和科学价值以及在现代化建设中的作用,就是看是不是有利于社会主义制度和有利于发展生产力。在图书采访中要坚持以经济建设为中心,坚持四项基本原则,坚持改革开放,贯彻"百花齐放,百家争鸣""古为今用""洋为中用"的方针。关于马克思、恩格斯、列宁、斯大林的著作及党和国家领导人的著作,要进行必要的收藏和补充;关于党和政府的方针、政策、法令等指导性文件和论述性文章,是社会主义物质文明和精神文明建设的指导性文献,是不可缺少的;对不同学术观点的古今中外著作,要有选择地收藏,以便供各种学术观点的读者参考使用;对反面的材料,也可有选择地收藏一些。总之,要注意收集各个学科中的不同学派、不同风格和不同观点的著作,做到兼收并蓄,不能失之偏颇。

2. 目的性原则

图书馆有各种不同的类型,由于它们各自的性质任务不同,服务对象不同,地方特点各异,因而收藏图书的范围和重点也就不同。例如,科学研究性图书馆主要收藏的是研究性、情报性和资料性的文献资料,大众性图书馆主要收藏综合性、现实性、推荐性、通俗性的国内公开出版物。从图书馆的方针任务来讲,由于分工不同,所收藏的学科和范围也不同。另外,还要考虑图书馆的读者对象。不同的读者对象有不同的需要。在高校图书馆,服务对象基本上是教师、学生,他们文化程度高、阅读能力强,因此,重点结合学科专业需要选择比较专深的图书。最后,要考虑地方特点,即按照图书馆所在地区的特殊需要来进行图书采访,选择能反映本地区的地方文献和地方所需专业图书。

3. 系统性原则

所谓系统性原则,就是要求图书馆藏书有一定的特色,完整、全面、配套,形成一定的体系。系统性原则是指要从图书体系观点出发,合理确定各个学科之间、各种文献类型之间的结构和比例,处理好文献资源与读者需求系统、文献出版发行系统之间的各种关系。系统性原则体现在重点馆藏的完整性,即以重要学科为中心的一些重要文献资料和特藏书刊要完整系统地入藏。从纵向系统看,要在内容上保持这些学科内在的历史延续性和完整性;从横向系统看,要广泛收集这些学科的各个学派有代表性的专著及有关评选、重要期刊、主要相关期刊及其他类型文献资料。对已确定入藏的与生产、科研、教学直接有关的多卷书、丛书、连续出版物及重要工具书,要完整无缺,成龙配套,不能随意中断。既要注意各学科、各类型藏书之间保持合理的比例,还要注意各学科间相互渗透、边缘交错的内在联系,广泛而有选择地入藏相关学科、边缘学科以及供一般读者学习和阅读的基础书刊。总之,图书馆要突出重点藏书、重视一般藏书,建立一个有专有博、有主有从的文献资源系统。

4. 特色化原则

在社会文献数量急剧增长的今天,任何图书馆都不可离开现实需要和可能的条件,去追求藏书的完整、系统。这就要求每个图书馆对入藏文献的主题必须有所限制,使馆藏文献具有特色。藏书特色化意味着依据图书馆的类型、任务,地区或单位的特点、读者对象及其需求特点、所在地区文献资源分布状况等,而对文献收集采取有区别的态度,从而有助于图书馆完成其所担负的社会服务任务,使图书馆藏书的内容与结构最大限度地接近读者的真正需求。

5. 发展与剔除原则

图书馆需要经常进行发展与剔除工作,这是因为藏书有个新陈代谢的问题。发展是指新书的增长,剔除是指滞书的代谢。由于国家政治生活、经济建设发生变化,现代科学技术的迅速发展和图书资料急剧增加以及文献资料老化加速等因素,为了提高藏书质量,必须不断地对藏书进行剔除,对那些陈旧过时、没有参考价值的图书进行剔除工作。新书的增长与滞书的剔除是图书馆藏书发展过程中相互联系的两个方面。只有不断发展新书,藏书才具有生命力;只有不断剔除滞书,藏书才能健康发展,有效地提供给读者利用,发挥其应有的作用。

6. 分工协调原则

分工协调原则就是各级各类图书馆从整体出发,在统筹规划和各馆协商的基础上,对文献的收集、贮存实行分工合作,建立文献资源保障体系。馆藏文献资源的储备量并不简单地等于各图书馆情报单位收藏的文献数量之和,内容相同文献的重复积累并不能增加总的情报量,而分散、自发、自给自足式的文献积累,更无法形成优化的文献资源体系,反而只能扩展文献分布的无序状态,给用户带来使用上的不便。由于每个图书馆的购书经费有限,不可能将所有的文献资料收集齐全,也不可能完全靠自己的藏书满足读者的所有需要。另外,为了避免各图书馆藏书不必要的重复,并以最小的花费获取充分的文献资源,各馆都将本馆藏书纳入整体文献资源系统,通过制定藏书分工入藏的方针,规定各馆藏书补充的责任与范围,使不同学科、不同主题或不同类型的文献由不同图书馆分担收藏,某些罕用而昂贵的文献合作采购,通过馆际互借实现资源共享。要实现分工协调,必须从组织上和方法方面采取必要的措施,馆与馆之间在文献采访中既要有明确的分工,又要有紧密的协作,克服各自为政、贪多求全的思想,逐步形成各地区、各系统的藏书体系,促进图书馆事业的发展。

7. 经济性原则

经济性原则就是节约原则,是社会主义建设的基本原则之一,也是在文献采访中必须坚持的原则之一。要贯彻这个原则,就要反对"大而全""小而求"的思想;要合理地使用经费,不该买的书买了是有形的浪费,该买的不买是无形的浪费;要将需要与可能结合起来,力求以有限的经费发挥其最大的效用。在文献采访中要注意品种,减少复本,各类图书要注意适当的比例,对高价书刊要慎重选购。为保证经济性原则的实施,图书馆要制定相应的制度,采取一系列有效措施。

第二节 图书采集的方法

图书采集是一项长期的、连续性的、技术性很强的工作,采访人员必须遵循一定的操作流程和技术规范,主动寻找图书发行信息,通过多种渠道、多种途径采集图书,以保证藏书体系的系统性和全面性。

一、图书采集的方式

常见的图书采集方式有购买和非购买两种。购买方式包括书目预订、直接选购、委托代购、邮购和复制5种,非购买方式包括呈缴、调拨、征集、交换和赠送5种。

1. 书目预订

书目预订是图书馆预先收集、选择、填写出版发行单位的征订目录,按预约计划订购出版物,是图书馆有计划地补充藏书最经常、最可靠的方法。图书馆的采访工作方式有很多,由于中小型专业图书馆订书量有限,专业性又强,一般很少参加全国性的图书展销订货会,也很少从出版社直接购书,所以《新华书目报》自从问世起,就受到了广大图书馆工作人员的欢迎,大多数图书馆至今仍采用这种传统的订阅方式。

2. 直接选购

直接选购就是图书馆采购人员直接到出版物销售处现场选购书刊。直接选购的优点是能直接鉴别图书的内容,简便迅速,避免预订中的一些麻烦手续。这种方法还能获得预订所得不到的书刊,如有些发行量小、内部发行的图书,古旧图书,地方出版物等均不预订。有些漏订的图书,预订不足的书以及需要临时补配的书都需要通过到书店、书市、出版社及有关单位直接选购解决。其缺点是不能使用馆藏目录,容易出现重购,这就需要有相应的查重方法。

3. 委托代购

委托代购是指图书馆采购人员委托他人在外地选购所需要的书刊资料。委托代购有两种形式:一种是临时性代购,就是委托其单位非购书人员带上书目到外地、外单位选购书刊。还可委托出国人员或外文书店采购人员代购国外有关外文书刊资料。另一种是长期性相互代购,即委托外地兄弟图书馆采购人员按一定书目范围与数量代购其所在地出版物,并为兄弟馆代购本地出版物。

4. 邮购

邮购又称函购,就是图书馆采访部门直接与外地新华书店邮购部、出版社自办发行部、有关单位图书经销部挂钩,按照开列书目或范围数量要求,采用邮寄托运的方法,补充外地、外单位的书刊资料。邮购是预订和直接选购的辅助性方法,优点是直接获得出版物,缺点是增加邮费、书价提高且有丢失现象发生。

5. 复制

复制即采用多种复制方法,补充罕缺书刊复制品,代替原版书刊为读者使用。复制方法包括抄录、静电复印、照相复制、缩微复制和录音复制等。凡馆藏缺乏,经过预订、选购、邮购都无法获得的急需书刊资料,包括绝版书、孤本、善本书、外文原版书、缺漏的报刊、其他连续出版物以及重要的内部资料等都可以通过以上方式委托兄弟单位代办复制,或通过馆际互借方式由本馆自行复制。复制是获得珍贵书刊和罕见紧缺资料的好形式。

6. 呈缴

呈缴是正式出版物法定缴送制度。根据出版法规定,凡正式出版社出版的任何一种新出版物,均应向国家或政府指定的图书馆等单位缴送一定数量的样本。这种法定缴送的书,称为呈缴本。在国际图书馆界,书刊呈缴法有多种目的和作用:一是保护作者著作权制度;二是保持出版物检查制度;三是保障国家出版物存储制度;四是保证编制国家出版物书目通报制度。

7. 调拨

接收调拨是无偿获得大批藏书,迅速增加藏书量的途径,尤其是新建馆和基础薄弱图书馆补充大宗藏书的有效方法。调拨单位与调拨性质有三种类型:第一种,变动撤销单位或无保存藏书任务的单位将所收集积累的藏书移交给有关图书馆保存利用;第二种,基础雄厚的图书馆将部分藏书支援给基础薄弱或新建的图书馆;第三种,有大批多余复本和积压品种藏书的图书馆将部分有价值的藏书调节调拨给缺藏的图书馆,以充分发挥藏书作用。

8. 征集

征集主要是指对非正式出版单位出版的内部书刊资料,采用主动发函或上门访求的方法,有针对性地进行征集。也可以采取报刊广告或征书启事的办法征集有关书刊。征集的对象主要是政府机关、学术团体、厂矿企业、学校、科研单位、商业部门等非正式出版单位。征集的内容,主要是上述单位出版编印的内部资料、学术论文、科研成果、实验总结以及产品样本、目录、价格表等书刊资料。

9. 交换

交换是指两个以上图书馆之间以及图书馆与其他文献情报单位之间直接开展交换,达到互通有无、调剂余缺、丰富馆藏的目的。交换方法是获得内部书刊、难得资料的主要来源之一,其分为国内交换和国际交换两种方式。

10. 赠送

接受个人或团体赠送也是获得珍贵书刊、丰富馆藏的重要来源之一。赠送又称捐赠,大致有四种类型:一是革命家、作家、学者、知名人士及藏书家在他们晚年或去世后,将其著述和稀世珍藏赠送给有关图书馆;二是国外一些知名人士和社会团体常常向我国有关图书馆赠送大批珍贵图书文献资料;三是出版者主动将出版物捐赠给图书馆,以扩大和推广该出版物的宣传和流通;四是图书的作者在著书过程中,得到图书馆的帮助,或作者与图书馆有着较密切的关系,在图书出版后,主动捐赠给图书馆以表谢意及纪念。

二、图书采集的常用工具

1. 中文图书订购目录

我国图书出版业发展很快,目前有出版社500余家,每年出版图书十余万种,其中新书有五六万种,还有大量的再版书和重印书。长期以来,我国图书馆非常重视图书的采集工作,尽管图书经费比较紧张,仍然根据本馆的发展方针和实际需求制定采购计划。图书馆选择图书主要依赖于各种书目报,如《新华书目报》(社科新书目)、《新华书目报》(科技新书目)、《上海新书目》、《全国地方版新书目》等。

(1)《新华书目报》

新华书店定期出版的《新华书目报》是图书采选人员订购图书的主要工具,包括《科技新书目》《社科新书目》两种。《新华书目报》主要收集中央级及北京地区出版社将要出版的哲学与社会科学类、科技类的新书、重版书以及国内将要出版的标准文献。出版周期为半月,公开发行。此外,每年春秋两期还面向高等院校发行《高等学校教学用书预订目录》,收录全国出版社即将出版的大中专学校的教学用新书和重版书。《内部征订目录》收集机关内部出版物和国内发行出版物目录。

(2)《全国地方版科技新书目》

中国科技图书公司发行的《全国地方版科技新书目》,收集全国各地(不包括北京、上海)即将出版的科技类新书和重版书。

(3)《台湾、香港地区新书征订目录》

中国图书进出口总公司发行的《台湾、香港地区新书征订目录》,收录台湾和香港地区出版的各类中文图书。

(4)《中国国家书目》

国家图书馆出版的《中国国家书目》收录中国出版的文献、中国与其他国家共同出版的文献、中国公民或出版机构在其他国家出版的文献。文献类型和范围包括图书、连续出版物、乐谱、地图、技术标准、博士论文、书目索引、少数民族语言文献、盲文文献等。

(5) 地方性图书征订目录

许多省、自治区、直辖市的图书发行单位也编辑出版本地区的图书征订目录，如《上海新书目》《天津新书目》《北京图书信息报》《江苏新书目》等。

此外，新闻出版署信息中心公开发行的《中国图书在版编目快报》，报道国内最新图书出版动态，每周出版一次。部分图书公司还出版了众多的商业性书目，用来宣传报道出版信息，帮助图书情报机构有计划地补充馆藏文献资源。各出版社也都定期出版各种书目，免费寄送到各个图书馆。很多大的出版社都建立了自己的网站，在网站上发布已经出版图书信息和预出版图书信息。

2. 外文书刊订购目录

随着国际文献信息交流的逐步加强，外文书刊的采集渠道呈现出多样化模式，既可以参加全国性或地区性的外文文献订购会议，也可以采用各种征订目录订阅。

另外，还有国外各出版社编印的征订目录、各书刊代理机构编印的在版书目、国家书目、报刊目录、新型载体文献目录等。书评信息也是采访人员重要的参考信息，因此广泛收集各种书评信息，尤其是收集来自用户实践的有用评价信息，可为采访人员提供参考。

3. 灰色文献的收集方法

灰色文献指通过常规的流通途径和检索途径难以获得的、具有使用价值的各种文献资料。包括政府机关内部报告、政府文书、政策性文件及调研报告；各种内部专业技术报告和学术会议资料、未出版的学位论文、内部书刊、手稿、书信；档案资料、商业广告、企业产品样本、产品目录、技术开发资料、科研机构内部出版物等。由于灰色文献出版及时迅速，资料来源可靠，能够反映最新科研成果、最新动态、最新的政策和社会热点，是一种重要的文献资源。灰色文献的信息收集比较困难，一般图书馆情报部门很难获得这些文献。灰色文献可以通过大量非正规渠道出版的书目订单收集、通过高校获取学术论文信息、通过学术会议获取会议论文信息、通过产品展览会获取产品技术信息等。

4. 电子出版物信息的收集

电子出版物信息的收集是多渠道的，如《科技新书目》《社科新书目》上报道的最新电子出版物的出版信息、网上书店、各类电子出版公司发来的公司产品目录、一些电子类的报刊、电子出版物产品展销会、电脑软件市场的电子出版物展示等。

由于各电子出版公司制作的相关电子出版物很多，且有各自的特点，在大量收集各种最新电子出版物信息，进行分门别类、比较评估的基础上，图书馆要结合自身建设和服务对象的需要，协调好电子出版物与印刷文献的关系，并充分考虑馆际文献资源共建共享，正确地加以选择，保证选择到高质量、有实用价值的电子出版物。

三、图书采集的网络模式

网上书店是利用信息技术、网络技术通过网络完成图书交易的一种电子商务类型，它将广大读者、图书、出版者、发行者紧密地结合在一起，有效地缩短了图书流通发行环节，提高了图书流通的效率。网上书店的出现改变了传统的图书运作流程与交易模式，降低了运营成本，丰富了服务内容，打破了传统书店一统天下的局面。

1. 国内外著名的网上书店

（1）亚马逊网上书店

亚马逊网上书店开办于1995年7月，总部设在美国华盛顿州的西雅图市，为美国纳斯达克证交所上市公司。亚马逊现拥有全世界450万顾客，自1995年7月卖出第一本书开始，它的销售总额直线上升，1997年销售额即达148万美元，为1996年的93倍，1998年猛增到54亿美元，它成功地塑造了网上销售模式，产生了良好的品牌效应，该店的资产总额已超过5亿美元。起初，经营网上图书销售，现在，从事各种物品网上交易，如各种电子贺卡、网上拍卖以及上百万种图书、CD、视盘、DVD、玩具、游戏和电子产品等，拥有网上最大的物品清单。亚马逊网站书店的特色不仅仅是查询快捷、订购简便，还刊载各种媒介上的书评、作者访谈录、读后感，在网站上还能找到许多书的节选及相关材料的链接。亚马逊通过这些途径分析读者的购书习惯并向他们推荐书目。在主页"Search"框键入关键词，可以获得大量供挑选图书的书名。亚马逊根据历来购书记录为用户筛选出新推出的产品,每小时都有资料供参考。可以说亚马逊已经成为一个围绕购书业务的综合网上书店。

(2)巴诺网上书店

巴诺网上书店创办于1997年3月,主要销售图书、音乐制品、软件、杂志、印刷品及相关产品,现为网上第二大书店,是网上图书销售增长最快的书店。巴诺网上书店现可搜索上百万种新版和绝版图书、16大类1000个子类音乐制品、几万本相册、2万多本艺术家自传等。根据季节,还提供上千种折扣图书,最大让利91%。书店提供成千上万种图书宣传品、专家推荐资料,甚至网上读者论坛,以作图书购买参考之用。巴诺网上书店现货图书有75万种,是世界上现库存种数最多的书店。巴诺与亚马逊两个网上书店有合作关系。两个网站的检索界面和结果有许多相似之处。只要你想在网上购书,那么去亚马逊还是巴诺都是一样的。它们的结合可以说是强强联合,亚马逊书店在网上的知名度非常高,而巴诺在世界各地的连锁经营非常好,通过共享数据库,共享零售商店等资源,使它们很容易在同类书店中脱颖而出。

(3)贝塔斯曼在线

贝塔斯曼在线是以出版社为基础创办起来的,是德国的一家在线书商。1835年7月1日,卡尔贝塔斯曼在德国创建一家出版社,其经营理念是:走出书店,主动将图书送至读者手中,变被动为主动。贝塔斯曼书友会这一售书系统是图书出版、传媒电子商务、图书和音乐俱乐部这三种业务的体现。贝塔斯曼在线中国是由贝塔斯曼集团在中国投资的电子商务网站,成立于2000年12月,提供超过16万种图书、音像和游戏软件产品,基本上涵盖了1998年以来出版的所有新书、数千种音乐产品,近千种影视产品及游戏软件等。

(4)沃兹沃思网上书店

这是于1976年最初建于美国麻省哈佛的书店,是最早使用计算机管理书业事务的书店。该书店早在20世纪80年代早期就开始使用电子邮件,其网站始建于1993年。现该在线书店收有约百万数据,可以帮助用户获得任意一本在美国出版过的图书,也可以检索到任意一本已绝版的图书的信息。

(5)当当网上书店

当当网上书店号称全球规模最大的中文网络书店,由科文书业信息技术有限公司与美国 IDG、卢森堡剑桥投资集团共同投资创建,于 1999 年 12 月 9 日正式开始运营。当当网在线销售的商品包括了图书、音像、数码、家电等几十个大类,网上书店在库图书信息达到 60 万种。主页设置了"图书""音像"等栏目,每个栏目都有检索项。另外,分类检索也是常用的检索途径,当当的分类是以主题与学科相结合的方式立类,还设了特色主题分类,符合一般用户的查询习惯,易用性强,并具有较强的包容性。从分类进入,即可浏览各类图书,如小说、生活、励志、人文社科、经管、科技、教育等。当当的详情页信息丰富详尽,除一般的出版信息外,还提供内容提要、目录、序、跋、内容节选、精彩插图及提供浏览所属分类作品、作者所有作品、相关出版社的链接。当当网上书店部分图书在价格上有折扣,畅销书、新书的折扣面更广,还专设了"特价图书",天天有特价,遇上节日,还会有满减活动。

(6)北京图书大厦

北京图书大厦网上书店是首都电子商务工程的首批试点企业之一,1999 年 3 月正式开业,不同于较多网络书店的是,它属于"前网后店"有实体书店的网上书店,有充足的货源能够保证货物及时供给。在规模上,北京图书大厦网上书店现有中文图书 30 余万种,包括了国内近几百家出版社的新书。查询书目可从"网上购书""畅销排行""推荐新书""获奖图书""签名售书"等栏目进入,其查询方法有分类检索、多条件组合检索、丛书检索。类目可划分为 4 级,检索方便、准确、快速。书目信息著录规范,有作者、书名、出版社、书号、发行单位、开本、装帧、插图、页数、字数、出版日期、版次、印刷日期、印次、印数、定价、关键词、内容提要、目录简介。其"获奖图书"是其特色栏目,目前有"百年百种优秀中国文学图书""第十一届中国图书奖",对图书选购有很好的参考价值。另外,图书馆向其购买的大部分新书都可附有 MARC 数据。

(7)中国图书网网上书店

中国图书网是北京英典电子商务有限责任公司的主要网站,北京英典电子商务有限责任公司是由一家传统图书经营公司转型的公司,在全国 30 个左右中心城市拥有自己的配送中心。中国图书网是中国最大的网上书店之一,经过长期不懈的努力,该书店具有如下特色:品种齐全,图书品种达 30 万种,所有图书最高 8 折,典藏精品图书最高 5 折。

2. 网上书店的采购程序

(1) 选择网上书店

目前网上书店的规模、价格、服务相差较大，图书馆因其性质、类型不同对网上书店的选择也各有侧重。那些规模大、特色强、服务好、价格低、信誉高的网上书店显然是各类图书馆的共同首选。采访人员应根据本馆的实际需要，借助于搜索引擎或其他途径得到网上书店的网址，并选择那些知名度大、信誉高、服务好、品种多、购书条件优惠的网上书店，作为本馆的主要采购书店。如北京图书大厦网上书店、上海书城网上书店、当当网上书店、电子工业出版社网上书店及亚马逊网上书店等。这些网上书店都有较好的服务水平和服务质量，可作为图书馆网上购书的合作伙伴。

(2) 浏览网上图书信息

进入网上书店后，采访人员首先要浏览网上书店中的书目信息，对其经营的图书种类，有个概括性的了解，要了解网上书店的检索途径和检索方法。一般来说，网上书店都提供主题书目和分类书目两种检索途径，并为读者提供尽可能多的书目信息。这些书目，既有最新出版的新书目、推荐书目、畅销书目，也有以前出版的旧书书目，还有书评、书摘、作者简介等，可使采访人员全方位、多角度地了解图书内容，准确掌握文献采访的相关信息，提高购书质量。

(3) 网上购书

网上书店的图书品种繁多，所以如何选择图书成为采访人员首先要考虑的问题。采访人员必须从本馆的实际出发，遵循实用性、思想性、经济性、系统性和发展性的原则去选择图书。网上选书比传统选书要轻松得多，只是按动鼠标就可完成。在网上书店的每条书目旁边，都有一个"购物车"或"订购框"，采访人员只要将选好的图书点入"购物车"或"订购框"中，并填上订购册数即可。计算机将自动汇总产生订单，采访人员通过 E-mail 将此订单发给有关的网上书店或图书经销商，订购工作即告结束。先进的智能化网上书店，还有自动化记忆及跟踪读者购书倾向和爱好的功能，可提供记忆追踪服务。当用户第二次登录网上书店时，会发现系统自动列出与上次购书范围一致的"推荐书目"。

(4) 网上电子结算

网上采购可彻底改变以往那种低效、烦琐的手工计算账目方式。货款支付则通过电子结算来完成。当图书订完后,采访人员就要到结算窗口进行结账,填写电子订单,包括姓名、详细地址等项内容。购书款则通过计算机账目自动核算、电子结算以及电子货币支付等方式完成。

(5) 图书的发货

网上书店在收到用户的订单后,通过因特网将订书信息传输给有关的图书经销商,由他们负责向订户发货。目前,图书配送主要有邮寄、托运、异地网点配送等,送书上门则限定一定范围。配送时间长短不等,如美国亚马逊网上书店,保证国内读者2天内到货,海外订户1周内到货。我国图书的配送时间要相对长些,比较好点的网上书店,也只能承诺市内订户2天内到货,外省市订户7天到货。相比之下,我国的图书配送问题要落后许多。

四、图书采集的流程

一般来讲,文献采访的工作流程可分为选书阶段、订购阶段和验收阶段。

1. 选书阶段

选书阶段是文献采访的一个重要阶段,选书阶段首先要广泛收集各种书刊征订目录,其次是根据图书馆采访方针圈选图书。圈选图书可以由采访人员自己圈选,也可送交有关专家或读者圈选。这就要求采访人员到读者工作的第一线去调研,到外借处、阅览室、目录室、咨询室接触读者和工作人员,征求他们对文献采访的意见和建议。

2. 订购阶段

在图书订购阶段,采访人员应先对所选图书进行查重,然后确定复本量,最后填写并邮寄订单。

(1) 查重

所谓查重就是检索核对这些圈选的图书以前本馆是否订过,以避免不必要的重复。在手工操作阶段,主要是按书名进行查重,查重的工具主要是公务书名目录和采访部门的图书目录。在自动化管理阶段,查重工作由自动化系统中的自动查重功能来完成,而且查重的途径包括题名、著者、ISBN 号等,查重速度快、精度高。

(2)确定复本量

对于经过初选的图书,采购人员还必须进行综合平衡以确定合理的复本数。要准确制定具体图书的复本数量,采访人员必须掌握各类藏书的流通与滞架情况,掌握读者的使用与需求信息,掌握藏书的使用效果反映,掌握各类书刊复本标准及经费分配比例。到各种书库调查各类书刊的流通率和滞架数量材料,并对各种统计材料进行认真的综合分析、研究判断、验证和修订补充计划、复本标准,以便合理地确定具体书刊的品种与复本量,合理地分配经费比例,使购书经费得到合理使用。

(3)填写订单,领导审核

确定好需要采购的图书及其复本量后,采访人员就可以填写图书订单了。在自动化管理系统中,一般系统会自动生成图书订单。图书订单要送交图书馆有关领导审核,办理审批手续。

(4)寄发订单

向图书发行商寄发订单通常采用信件方式和电子邮件方式。信件方式中,订单格式一般为图书订购表格形式。电子邮件方式中,有订购表格方式和机读目录格式两种。随着出版商服务的不断深化,机读目录格式订单使用越来越普遍,联机订购也已经取得了很大发展。例如,儒林图书公司提供了在线图书订购服务。

3. 验收阶段

预订的图书到馆之后,要及时进行验收。

验收工作的程序可分为四步:

(1)核对订单

预订的图书到馆后,采访人员需要拆包验收。图书验收时,应对照订单核对图书的种数、册数、单价以及总金额,检查到馆图书是否与预订品种、册数完全相符合,是否有多发、少发、漏发、错发等现象。如果发现问题,应及时向发书单位反映并纠正差错。

(2)新书登记

新书核对正确无错后,要进行新书登记,将新书、新刊登录到图书管理系统中。

(3)图书加工

图书加工,即完成新书刊的初步加工工作,如粘贴财产号条码、打印财产号、提取图书样本并标注册数等。中小型图书馆,一般没有专门的图书典藏部门,在图书加工过程中还要在书中附有每种书分配到各个具体部门的数量,并加盖馆藏章。

(4)结账

图书验收完毕,采访人员要及时整理发票和图书清单,办理结账手续。

第三章　图书分类工作

在客观世界中,每个事物都有自己固有的属性,具有相同属性的事物就形成一类。分类就是依据事物的本质属性或其他显著特征,把各种事物集合成类的过程,是人们认识事物、区分事物、组织事物的一种逻辑方法。所谓图书分类,就是以图书分类法为依据,根据图书所反映的学科知识内容及其他显著特征,分门别类地、系统地组织与揭示文献的一种方法。图书分类的目的体现在两个方面:一是使相同学科性质的文献集中在一起,便于图书的分类排架;二是建立分类检索系统,以满足读者检索文献的需求。本章将以《中国图书馆分类法》为例,详细介绍其基本结构、图书分类标引的方法和规则。

第一节　我国图书馆分类法

一、《中国图书馆分类法》(以下简称《中图法》)

1.《中图法》简介

《中图法》是为适应我国各类型图书情报机构对文献进行整理和分类检索的需要,为统一全国文献分类编目创造条件而编制的。《中图法》第一版于1975年10月由科学技术文献出版社正式出版。《中图法》出版后,全国有90%以上的图书情报单位使用,包括公共图书馆、高校图书馆、科技情报研究所、中小学图书馆、儿童图书馆以及科研、厂矿企业、机关团体等类型的图书馆。《中图法》进行了四次版本更新,即1980年出版第二版,1990年出版第三版,1999年出版第四版,2010年出版第五版。为满足不同图书情报机构、不同文献类型分类标引和检索的需要,《中图法》不断发展完善,目前已有多种形式。例如,为满足不同规模的图书情报机构的需要,出版了《中图法·简本》《中图法·儿童图书馆、中小学图书馆版》;为满足不同专业的图书情报机构的需要,出版了《中图法·教育专业分类法》;为满足不同类型文献分类的需要,出版了《中图法·期刊分类表》;另外,还出版了《中国分类主题词表》《中图法索引》《中图法》第4版电子版、《中图法》使用手册、《中国分类主题词表》标引手册、《中图法修订类目对照表》等。

《中图法》的基本功能是编制分类检索工具和组织文献分类排架。按照检索功能的要求,分类法必须拥有一个具备巨大容纳力的、详尽的类目系统和多功能的标记系统;按照排架功能的要求,分类法的结构应当简明,类目体系有较高的稳定性并进行单线排列,标记符号要简短。为实现分类法的基本功能,《中图法》采用等级列举式的分类体系进行编制,使用逻辑划分的方法,层层展开,形成一个树形结构,类目之间在纵向、横向上相互关联和制约,全部类目进行线性排列构成类目表。为了适应计算机条件下多主题要素标引、多途径检索的需要,《中图法》逐步增加了"多重列类"的成分。在等级列举的基础上,《中图法》还广泛采用类目仿分和复分、有限地采用主类号直接组配等技术提高分类法的组配标引能力。

2.《中图法》的宏观结构

《中图法》的宏观结构是指其各个组成部分及其之间的组织方法、相互联系和作用的方式。具体内容包括如下几个方面。

(1)编制说明:对分类法编制的理论、编制原则等有关事项的总体说明。

(2)基本大类表:一级类目组成的一览表,揭示分类法的基本学科范畴和排列次序。

(3)基本类目表:由基本大类区分出来的二、三级类目组成,是分类法的类目体系框架。

(4)主表(详表):是各级类目组成的一览表,主表按功能分为术语(类名)系统、标记系统、注释系统。

(5)附表(辅助表):由分类法的8个通用复分表组成,是主表类目进行复分的依据。

(6)索引:是分类法按字顺途径按类名、事物查找类目的工具。

(7)使用手册:是详细阐述分类法的编制理论和技术、各类文献分类规则与方法的指南。

3.《中图法》的微观结构

《中图法》的微观结构是指类目的构成要素及其组织。类目是构造分类法的最基本要素,每个类目代表具有某种共同属性的文献集合,它由类号、类名、类级、注释和参照组成。

(1)标记符号:又称分类号,是类目的代号,决定类目在分类体系中的位置。

(2)类名:是类目的名称,用描述文献内容的术语表达类目的含义和内容范围。

(3)类级:是类目的级别,在印刷版中用排列的缩格和字体表示。

(4)注释和参照:对类目的含义及内容范围、分类方法、与其他类目的关系等进行说明。

例如:

S93 水产资源

鱼类学入 Q959.4

参见 Q948.8 和 Q958.8

二、类目的划分与排列

《中图法》从科学分类和知识分类的角度揭示文献内容的关系,按学科和专业集中文献,提供从学科和专业出发检索文献的途径。因此,在建立类目体系时,重视类目之间的内在联系,贯彻从总到分、从一般到具体、从简单到复杂、从理论到实践的划分原则,对成千上万个类目进行排列,组成一个严密的概念等级分类体系。通过这个等级分类体系,显示各学科门类在分类体系中的位置及各学科门类之间的亲疏远近和隶属关系。分类法类目体系的形成包括类目的设置、类目的划分和类目的排列三个方面。

1.类目的设置

在《中图法》编制过程中,类目的设置遵循如下原则。

(1)文献保证原则

这一原则要求,一方面类目所代表的事物必须是客观存在的,且有一定数量的文献为依托;另一面,应根据文献的数量决定类目的数量或细分程度。在分类法使用过程中,如果某个类目失去了文献数量的保证,那么应删除或归并处理。

(2) 稳定性原则

类目的稳定性,尤其是基本类目的稳定性决定着分类法的稳定性。保证类目的稳定性就必须使用稳定的因素(如知识分类、学科分类、专业分类等)作为类目划分的标准。同时,还应注意提高类目的可延展性或兼容性。

(3) 发展原则

任何事物都是不断发展变化的,分类法类目的设置除了依靠类目自身的延展性来容纳一部分新事物外,在立类时应以发展的眼光、有预见地为某些有强大生命力的新事物设置类目。随着时代的发展,还要对原来立类不当、使用频率低的类目进行调整、合并或删除。

(4) 均衡原则

《中图法》是一部大型综合性分类法,在类目设置上要注意各学科领域类目分布的均匀度,防止局部类目上过于概括或过细地展开。

(5) 立类必须概念清楚

用作类目名称的语词或短语,应能准确表达类目的内容范围,内含、外延要清除。一般采用科学、规范、通用的术语或译名作为类目名称。另外,每个类目要有专指的检索意义,在表达相同的概念时,要做到语词前后一致。

《中图法》在考虑到各学科领域平衡的基础上,以国际上通用的基本学科划分和专业划分为依据,同时考虑习惯的知识领域划分,设置了 22 个基本大类。其中"社会科学总论"和"自然科学总论"不属于独立的学科,而是用来概括这两个科学领域的综合性知识。由于"工业技术"是一个庞大的体系,文献数量巨大,因此以双字母标记展开了 16 个二级类,其重要程度不亚于基本大类。社会科学各大类的排列主要根据大类间关系密切的程度以及与其他部类的关系来确定,大体按"上层建筑→经济基础→意识形态"即"政治→经济→文化"的次序排列。自然科学各大类则按学科的属性,遵循从一般到特殊、从简单到复杂、从低级到高级、从理论到应用的次序排列,并形成"基础理论/技术科学/应用科学"三个层次。

表 3-1 《中图法》基本类目表

A 马克思主义、列宁主义、毛泽东思想、邓小平理论	N 自然科学总论
B 哲学、宗教	O 数理科学和化学

C 社会科学总论	P 天文学、地球科学
D 政治、法律	Q 生物科学
E 军事	R 医药、卫生
F 经济	S 农业科学
G 文化、科学、教育、体育	T 工业技术
H 语言、文字	U 交通运输
I 文学	V 航空、航天
J 艺术	X 环境科学、安全科学
K 历史、地理	Z 综合性图书

2. 类目的划分

分类法的每一个类目都代表特定的主题概念，都是知识分类体系中的有机组成部分，但这并不是说任何知识单元、任何学科在分类法中都有对应的类目。分类法必须满足文献整序的实际需要，在《中图法》编制过程中，进行类目划分的依据为：

(1) 类目划分一般选择事物的本质属性中最有检索意义的属性作为标准。

(2) 类目划分要遵循基本规则，在同一划分阶段一般只使用一个标准。

(3) 类目划分要力求全面，由一个上位类划分出来的一组下位类的外延之和应等于上位类的外延，以保证类目的完整。

《中图法》类目划分时采用了以下六种技术：

(1) 凡涉及共性区分问题时，采用编制通用复分表、专类复分表、"一般性问题"和类目间的仿分来处理。

(2) 在类组性的类目下，根据类组所包含事物的特征选用不同分类标准进行划分。例如，"G 文化、科学、教育、体育"四个部分采用了不同的分类标准。

(3) 多重列类法，同时采用几个分类标准划分编列几组平行的子目。

(4) 为满足某些专业特殊的检索需求，按一定的属性对某些事物集中列类。

(5) 广泛使用交替类。为满足情报机构从不同角度集中文献的需要，为具有双重隶属关系的学科或事物编列正式类目和交替类目。

(6)双表列类法。选择两种不同的分类标准引用次序,为某个类编列两种适应性不同的分类体系,供选择使用。例如,《中图法》第3版、第4版的"法律"类就是双表列类。

3. 类目的排列

分类法是由大量的类目按一定的规则排列成一个有机系统。类目排列主要指同位类的排列,科学地排列同位类既能体现分类法编制的逻辑性、系统性,又能使用户快速认识和掌握分类体系,提高标引和检索效率。在《中图法》编制过程中,类目的排列方式包括纵向排列和横向排列。纵向排列指类目的类链中排列的次序,它由分类标准的引用次序来决定,不存在排列问题。横向排列指一个类列中同位类排列的次序。《中图法》类目的排列坚持以下原则:

(1)优先采用客观发展的次序、事物内部固有的次序、科学的系统次序、人们认识事物的逻辑次序排列同位类。

(2)按事物的系统次序从总到分、从一般到具体、从简单到复杂、从低级到高级、从理论到应用排列。

(3)当某类事物的客观次序不明显或人为次序更有利于检索时,可以利用人们的思维习惯,合理地采用人为次序排列。

(4)相似类列采用统一或对应的排列次序,如此排列具有很强的助记性。

4. 类目之间的关系

分类法中成千上万的类目不是孤立存在的,是根据类目体系中相互关联、相互制约的内在联系组织起来的整体体系。虽然类目采用线性方式排列,但类目在分类体系中是由上位概念、同位概念、下位概念、相关概念和类目注释构成的语义空间来限定的。类目的关系包括纵向关系和横向关系。类目的纵向关系表示的是它们的等级关系,包括从属关系和并列关系;类目的横向关系表示类目在内容上相互关联,包括相关关系和交替关系。

(1)从属关系

类目的从属关系指上位类和下位类的关系。一个类同它细分出来的小类之间具有从属关系。类目等级结构是显示从属关系的主要方式。上位类与下位类之间的从属关系包括属种关系、整部关系和方面关系。

属种关系:即包含与被包含的关系,如生物的分类、事物及其类型等。例如:

TF6　铁合金冶炼

TF64　各种铁合金冶炼

整部关系:即整体和部分的关系,如各级行政区域、学科及其分支、事物及其组织部分等。例如:

U261　蒸汽机车

U261.1　锅炉部分

U261.11　火箱及附属装置

方面关系:全面和某一方面的关系,如学科及其问题、事物及其属性等。例如:

U46　汽车工程

U461　汽车理论

U462　整车设计与计算

U463　汽车结构部件

……………

U469　各种用途汽车

在体系分类法中,当类目下列有两种或三种从属关系的下位类,依据从总到分,从一般到特殊的排列原则,先排方面关系及整部关系的下位类,后排属种关系的下位类。

(2)并列关系

类目的并列关系指处在同一划分层次上的不同类目的关系。由一个上位类区分出来的一组下位类之间互称同位类,一组同位类称为一个类列。同位类之间的关系是并列关系,它们在类表中用并列的方式表达。

(3)相关关系

如若干类目之间在内容上有着密切的联系,但不具有从属关系和交替关系,则称为相关关系。类目间的相关关系主要靠类目参照来显示。而分类法中设置的"××入××"的注释也起到显示相关关系的作用,与类目参照的功能基本相同。例如:

G26　博物馆学、博物馆事业

R214　气功

总论入 R214

武术气功入 G852.6

气功疗法入 R247.4

(4) 交替关系

交替关系是指表达相同主题概念的正式使用类目与非正式使用类目之间的关系。体系分类法的类目是线性排列的,要求一个类目在这个体系中占据一个位置,当主题概念同时隶属于两个或两个以上类目时,一般在分类表的有关位置上同时设类,其中一个位置的类目作为正式使用的类目来标引文献,其他位置的类目就作为非使用的类目,即交替类目。交替类目的类号置于[ ]内,类目下有"宜入××"的注释,与相对应的正式使用类目相联系。例如:

[C965] 人才市场

宜入 F241.23

F241.23 劳动力市场类型

职业介绍所、人才市场、劳动就业服务公司等入 F241.23。

三、《中图法》的标记符号和标记制度

标记符号是文献分类法中表示类目的代号,又称分类号。标记符号具有固定类目的位置、排列次序和表达类目之间关系的功能。

1.《中图法》的标记符号

标记符号依所采用符号的形式特征分为单纯号码和混合号码。单纯号码是指采用某一种符合通行习惯且具有固有次序的符号系统。它分为单纯数字号码和单纯字母号码两种。常见的是单纯阿拉伯数字号码。例如,《杜威十进分类法》《科图法》等。混合号码是指同时采用两种或两种以上符合通行习惯且具有固有次序的符号系统。它一般是字母与阿拉伯数字相结合。例如:

《美国国会图书馆分类法》《中图法》等。

《中图法》标记符号是采用拉丁字母与阿拉伯数字结合的混合制标记符号。以拉丁字母标记基本大类;还根据大类的实际配号需要再展开一位字母标记二级类,如"T 工业技术"采用双位字母可标记出 16 个二级类。字母段后使用阿拉伯数

字标记各级类目。此外,《中图法》还采用了一些特殊符号,将其作为辅助标记符号。

表 3-2 《中图法》的辅助标记符号

符号	作用
· 间隔符号	在分类号的数字段从左至右每三位数字之后加一圆点,其目的是使类号段落清晰、醒目、易读。例如:1247.58 武侠小说
a 推荐符号	该号置于 A 类六位经典作家著作的互见分类号后,起推荐作用。例如:《列宁论图书馆》入 A267 互见号为 G25a
/ 起止符号	表示类目的起止范围。用在主表中表示概括一组相连类号的起止区间;用在注释中表示类目仿分的类号区段或参见的类目范围。起止符号只出现在类目表中。例如:D93/97 各国法律
[ ] 交替符号	用来标记交替类目。表示该类目是供选择使用的。例如:[TQ114.4]石灰工业宜入 TQ177.2
- 总论复分号	在总论复分号码之前,是总论复分号的前置标识符。例如:《法律辞典》D9-61
( ) 国家地区区分号	用于一般学科类目下需进行国家地区复分的。例如:《英国抽象派油画选》J233(561)
= 时代区分号	用于一般学科类目下需进行时代复分的
" " 民族种族区分号	用于一般学科类目下需进行民族、种族复分的。例如:《犹太民族的婚俗》入 K891.22"382"
< > 通用时间、地点区分号	若某类目需按通用时间、地区复分,将有关类号置于"< >"内,加之主类号后面。例如:"城市的空气污染与防治"类号 X51<333>
: 组配符号	用来联结两个相关的主类号,合成一个组配号。
+ 联合符号	在资料法中用来标引两个并列主题,连接两个主类号。例如:"城市绿化与观赏园艺"类号 S731.2+S68
— 指示性类目提示符号	是为给一组类目提供共同的注释而设置的。

《中图法》标记符号排列的规则是:类号由左到右逐位对比排列。先比较字母部分,按英文字母固有的次序排列;再比较数字部分,类号中的阿拉伯数字依小数制排列;数字后若还有字母,在前部类号相同的情况下再按字母顺序排;类号的末位标记有推荐符号"A"的排在该类的最前面;类号中出现辅助符号时,辅助符号按-,( ),"",=,<>,的次序排列。

2.《中图法》的标记制度

标记制度是为文献分类法的类目配置分类号的方法,也称编号制度或配号制度。较常见的有层累标记制、顺序标记制、混合标记制、分面标记制等。

(1)层累标记制

层累标记制又称等级标记制,是类号位数与类目等级相适应,层次分明的标记制度,它属于结构型标记制的类型。例如:

TG1　金属学与热处理　　　　　　(第三级类目)

TG15　热处理　　　　　　　　　　(第四级类目)

TG151　基础理论(热处理)　　　　(第五级类目)

TG151.3　奥氏体转变曲线　　　　(第六级类目)

层累标记制的优点是分类号码能够体现类目的等级关系,表达性强;缺点是类目愈细,类号愈长,类号的容纳性有限。

(2)顺序标记制

顺序标记制是对类目体系中不同等级的类目只按其先后次序配置号码的标记制度。它属于非结构型标记制度。例如:

F　经济　　　　　　　　　　　　(第一级类目)

F01　财政、金融　　　　　　　　(第二级类目)

F02　金融、银行　　　　　　　　(第三级类目)

F03　金融、银行理论　　　　　　(第四级类目)

顺序标记制的优点是配号方法简便,类号比较短,容纳性强;缺点是无法体现类目之间的相互关系,表达性和助记性差。

(3)混合标记制

混合标记制是将层累标记制与顺序标记制结合起来的一种标记制度。混合标记制有顺序-层累标记制和层累-顺序标记制两种形式。

  T1 工程技术   （第一级类目）

  T2 能源学、动力工程   （第二级类目）

  T2.1 电能学   （第三级类目）

  T2.11 电的产生   （第四级类目）

  T2.111 直流电   （第五级类目）

（4）分面标记制

  分面标记制也称分段标记制或多维标记制，是用分面符号把类号分成若干段，使每一段的号码代表主题的一个方面，以显示类目组配结构的一种标记制度。分面标记制的优点是能显示类目的组配结构，揭示多个主题因素，表达性强，适应新学科、新主题文献的出现，有较强的容纳性；缺点是编号方法比较复杂，号码较长。

3.《中图法》标记方法

  《中图法》的标记制度是基本的层累制，而不是严格的层累制。为了克服层累制的局限，采用了多种变通方法。

（1）八分法

  八分法是为容纳更多的同位类而采用的一种配号法，当同位类超过 8 个时，后面的同位类采用扩充 9 的方法，扩展为 91,92,……98,99 等，因此又称扩九法。例如：

  Q4 生理学

  Q41 普通生物学

  …………

  Q48 消化生理学

  Q491 排泄生理学

  Q492 生殖生理学

（2）双位制

  双位制又称百分法，当同位类多达二三十个甚至更多时，为容纳足够多的同位类，就采用双位制配号法，即把 1-9 配以双位数字，如 11,12……98,99。例如，TQ11/65 就是采用的双位制。

（3）借号法

借号法是为增加容纳性类列而采用的配号法，分为借上位类号、借下位类号、借同位类号三种情况。

①借上位类号：为了缩短号码或对重点类给予较宽裕的号码，下位类借用上级号码。例如，S56 经济作物中 S562/564 借用了与其上位类 S561 同级的号码。

②借下位类号：为了增强类列的容纳性，有的同位类借用下级号码。例如：

R5　　内科学

R51　　传染病

…………

R58　　全身性疾病

R599　　地方病

③借同位类号：当某组同位类较多，其同级的另一组号码空余时，就借用同级的另一组号码。

（2）空号法

空号法是为了类表以后扩展类目的需要或增强类号的对应性而采用的间隔配号方法，即同位类之间留有一定数量的空号。例如：

R282.7　　　　各类药材

R282.71　　　 植物药

R282.74　　　 动物药

R282.76　　　 矿物药

R282.77　　　 海洋药物

（3）对应编号法

为增强类号的助记性，为性质相同或相近的类目配上相对应的号码。例如，H11/19 与 H321/329 是对应的，Q94 与 Q95 是对应的。

（4）字母标记法

把事物名称的若干字母加在主类号之后编制同位类的方法。例如，TP312 类和 TP311.38 类。

四、《中图法》的组配技术

组配技术是指利用分类表中已有的简单主题概念的类号,按一定规则合成一个复合类号,表达分类表中没有的复杂概念的一种技术。采用组配技术可达到类目细分或形成新主题类号的目的,是缩小类表篇幅、提高分类标引效果的方法。《中图法》运用组配技术主要有四种,一是编制各种类型的通用复分表;二是在有关类编制专类复分表进行类目细分;三是规定部分类目仿照已列出的类目进行细分,即类目仿分;四是主类号之间用冒号组配、合成新的类号。

(1) 通用复分表

《中图法》共有8个通用复分表,即"总论复分表""世界地区表""中国地区表""国际时代表""中国时代表""中国民族表""世界种族与民族表""通用时间、地点表"。通用复分表只对主表类目起复分作用,不能单独使用,它的使用规则为:

第一,复分表中的号码不能单独使用,必须与主表中的有关类号组配使用。

第二,表中注明"依×××表分"的类目均可依该复分表分类。总论复分表可供主表中任何一级类目使用。

第三,主表中列有专类的,不再使用复分表。例如,日语词典类号为H366,不是H366-61。

第四,主表中有关类目的号码与复分表中有关类目的号码含义相同时,去掉重复号码。

(2) 专类复分表

《中图法》(第4版)的主表共编列专类复分表67个,此外,在"总论复分表"和"中国地区表"中还各编列一个专类复分表。专类复分表的标记符号采用阿拉伯数字,自然科学各类的复分表前一律冠"0",专类复分表的两侧用竖线标记,以示醒目。专类复分表的使用规则为:

第一,按表中规定的范围使用。专类复分号不能单独使用,只能依附于主类号,在类目注释规定的范围内使用。

第二,按规定的次序使用。专类复分表在与通用复分表结合使用时,严格依类目规定的使用范围和次序进行复分。例如:

P468.1/.7 区域气候资料

依世界地区表分,中国再依中国地区表分,必要时再依下表分。

(3)类目仿分

《中图法》编制大量运用类目仿分来压缩类表的篇幅和提高类目组配的灵活性。类目仿分有两种类型:

一是仿邻近类目分类,是指当一组相邻的类目以相同的分类标准展开时,一般将在前的(个别将在后的)一个类目详细展开,后面的类目不再展开列举,而是分别仿照前面已展开的子目细分。仿邻近类目分的特点是,仿分类目与被仿分类目基本是性质相同的类目,某类目所仿分的一组子目,与该类目拟细分的分类标准是一致的。

二是仿总论性类目分类。《中图法》类目编列的基本模式是将一个类区分为两大部分,前面编列总论性类目,按事务的方面横向展开;后面编列专论性类目,按事务类型纵向展开。这两部分的分类标准是不同的。专论性类目仿照总论性类目的划分标准细分,就称为仿总论性类目分类,是揭示事物种类的重要技术。《中图法》总论性类目一般用"一般性问题""理论""通论""世界"等方式编列,各类有所不同。

类目仿分的使用规则为:

第一,按规定的范围使用。

第二,配号的转换。被仿分的类目用"/"号连接,采用了借同位类编号法,仿分时部分类目涉及配号的转换。例如,K815人物总传(世界)按学科分,仿K825/826分类。

第三,复分依据的转换。属于各国仿中国分类的类目,涉及时代属性的,仿分时应把"依中国时代表分"转换成"依国际时代表分"。

(4)冒号组配法

冒号组配法的使用规则为:

第一,分类标引时,除主表规定可用组配编号的类目外,不再扩大组配编号的范围。

第二,主表中已列出的主题就不再用冒号组配编号表达。

第三,通过主类号复分、仿分完全可以清晰表达主题的不再使用冒号组配标引,如"环境咨询机构"标引为X-289。

第四,用于新主题合成时,使用最专指类目的类号进行组配。例如,《军事心理学》入 E0-051;集中分类组配号为 B849:E0-051,而不是 B849:E。

第五,类目细分时,用户可根据自己的文献数量自行确定组配类号的级位。如《放射医学资料索引》可标引为 E89:R;E89:R8;E89:R81。

五、《中图法》中"0"的问题

《中图法》类目的划分是依据逻辑划分规则,对一个类目逐级层层划分,每一度划分使用一个分类标准,形成层次分明的树形等级结构。《中图法》采用基本层累制编号,类号的级位可以表达类目的等级。一个有下位类的类目表示它已用某个分类标准进行了划分。如果该类又允许复分或仿分,就会形成一个与已列类目体系并列的新类目体系,是用另一种标准划分的,这称为"转换分类标准"。在文献标引过程中,某些类"转换分类标准"后,为保证新产生的子目系列排列的逻辑性和避免重号,是加"0"的基本原因。《中图法》加"0"的几种情况:

(1)依"世界地区表"细分后而具有世界地区含义的类目,如再依专类复分表或仿某类细分时,均须在其类号后先加"0"再细分。例如:

《亚洲军事制度》入 E302;

《西欧文化史》入 K560.03。

(2)社会科学各类中的各级上位类如仿分或依复分表分类时,均须在其类号后先加"0"再复分。例如:

《石刻研究》入 K877.404;

《中国近代哲学研究》入 B250.5。

(3)自然科学各类的专类复分表的子类目前均已加"0",复分时保留"0"。例如:

《汽车变速器设计》入 U463.212.02。

(4)主表中的类目仿"一般性问题"分时均需加"0"再仿分。例如:

《木材商品检验》入 F762.406;

《生活废水处理》入 X799.303。

(5)中国各代史类目仿 K20 中国通史分时,均须加"0"。

(6)需进行连续仿分的类目,凡属越级复分的,须加"0"。例如:

《地方戏曲谱研究》入 J6H.506。

六、其他分类法简介

除了《中图法》外,我国还有其他几部常用的分类法,一些图书馆曾经从这些分类法逐步过渡到《中图法》。

1.《中国人民大学图书馆图书分类法》

《中国人民大学图书馆图书分类法》(简称《人大法》)是中华人民共和国成立后编制的第一部新型的图书分类法。中国人民大学图书馆是中华人民共和国成立后建立的新型大学图书馆。为适应时代的需要,使大量藏书更好地为教学和科研服务,在文化部(现为文化和旅游部)的支持下,该图书馆从 1951 年开始编制图书分类法,由张照、程德清主编,中国人民大学图书馆编著出版,1952 年编制出初稿,1953 年出版第 1 版,1954 年出版第 2 版,1957 年出版第 3 版,1962 年出版第 4 版,1982 年出版第 5 版,第 6 版于 1996 年 3 月在第 5 版的基础上历时近 5 年修订而成。

《人大法》学习、吸收了当时国内外图书分类法的优点。它把全部图书分为四大部分,即:①马克思列宁主义、毛泽东思想和哲学;②社会科学;③自然科学;④综合性类目。然后排成 17 个基本大类。

表 3-3 《人大法》基本大类表

1 马克思主义、列宁主义、毛泽东思想	10 文学
2 哲学	11 历史
3 社会科学、政治	12 地理
4 经济	13 自然科学
5 军事	14 医药、卫生
6 法律	15 工程技术
7 文化、教育、科学、体育	16 农业科学技术
8 艺术	17 综合性科学、综合性图书
9 语言、文字	

《人大法》的标记系统,采用纯阿拉伯数字。每一位类号,如遇两位数字表示一类,后面则加上一个圆点"·"。例如 1,2,3,4,5,……11,12,13,14,15……但

"0"后不加圆点。各级类号,按照图书性质,完全由内容决定。内容的类目数量与号码的位数一致,因此称为展开层累制。

《人大法》的附表称为复分表,原有 9 个,即:①综合复分表;②中国民族复分表;③中国时代复分表;④中国地区复分表;⑤苏联加盟共和国复分表;⑥国家复分表之一;⑦国家复分表之二;⑧国际时代复分表;⑨世界地区复分表。第 5 版时,将⑤⑥⑦合并为国家复分表。在使用复分表时,可在类号后直接使用,但必须先加短横然后加上复分表的次序号码和细分号码,以免和正表的分类号码混淆。比如:科学技术出版社编的《电子管手册》,就需要加第一个复分表的"13. 手册、指南",它的分类号码是"15.1092-113","15.1092"是电子管,"1"是第一种复分表,"13"是手册。

《人大法》的类目下有详细的注释,包括:①类目名称的注释;②指示分书范围;③见;④参见;⑤仿××细分;⑥按××复分表细分;⑦指明书次号的编制方法。《人大法》编有一个单一式的索引。它的内容包括详表内各级类目和注释中所有能归纳成的标题。类目标题的排列次序是按首字的笔画多少分列先后;同笔画的首字,再以起笔"-丨丿"为次序,若首字相同,再按第二字排列,其余类推。

《人大法》出版后,当时为全国许多图书馆所采用。特别值得提出的是,在新出版的图书上所给的统一书号采用了《人大法》的分类号。可见,它在全国的影响是很大的,其特点表现为:

(1)首次应用马克思主义关于科学分类的理论组织分类体系,将反映人类全部知识的图书资料分为四大部十七大类,这一序列一直为以后各家分类法所效仿。尤其是四大部的划分,为我国图书分类法的"五分法"奠定了基础。

(2)首次将"马克思主义、列宁主义、毛泽东思想"列为第一大类,突出在显著的位置。

(3)完全突破了机械运用阿拉伯数字十进制的束缚,号码制度采用严格的层累制,具有较强的表达性和扩、缩检功能。

(4)有较为详细的类目注释,有助于分类人员了解类目含义,按编者原意使用类目将图书资料分类。

但是,《人大法》也存在一些问题。例如,类目不够全面、细致;自然科学部分过于简单,特别是中华人民共和国成立前中国出版的图书和外国出版的图书,时常无适当的类目可归;类目含义不够清楚,名称不够概括;由于采用严格的层累制,使类号过于冗长,加上遇双位数字代表一级类目采用打小圆点的办法,在实际应用中容易造成差错。

2.《中国科学院图书馆图书分类法》

《中国科学院图书馆图书分类法》,简称《科图法》,是根据中国科学院图书馆综合性藏书范围以及中国科学院所属各研究单位图书馆不同专业特点编制的一部体系分类法。《科图法》于1954年开始编制,1957年4月完成自然科学部分(初稿),1958年3月完成社会科学部分(初稿),1958年11月由科学出版社出版第1版。1970年10月开始修订第2版,1974年2月出版第2版的自然科学、综合性图书类表和附表,1979年11月出版第2版的马克思主义、列宁主义、毛泽东思想,哲学和社会科学类表,1982年12月出版第2版的索引。《科图法》自1987年开始再次修订,此次修订,历时8年,于1994年12月出版了第3版。使用《科图法》的单位不仅有中国科学院系统的大部分图书情报单位,还有国内其他科学研究机构图书馆、省市公共系统图书馆和高校图书馆等。

《科图法》以科学分类为基础,结合文献分类的实际需要,把文献分类表分成五大部、二十五大类。类表中还设置了内容范围注释、例注、交替类目注释、参照类目注释、名称注释、复分与仿分注释、特殊分类方法注释、同类书排列方法注释等,便于充分利用,更准确地对文献进行分类。

《科图法》采用阿拉伯数字单纯号码。号码分为两部分:第一部分采用整数顺序数字,从00~99分配到五大部、二十五大类及其主要类目中。第二部分基本上采用小数层累制,即在主要类00~99两位数字以后加一个小数点".",小数点后基本上按小数体系计算,以容纳细分的类目。另外,还使用了一些灵活的配号方法,如,八分法、双位制、借号法等。例如:

20	社会科学	(一级类目)
27	经济、经济学	(一级类目)
28	世界各国经济、经济史地	(二级类目)
29	专业经济与部门经济	(二级类目)
29.1	经济计划与管理	(三级类目)

29.11	国民经济管理	（四级类目）	
29.111	经济预测	（五级类目）	
29.112	经济决策	（五级类目）	

表 3-4 《科图法》的类目结构

00 马克思列宁主义、毛泽东思想	50 自然科学
10 哲学	51 数学
20 社会科学	52 力学
21 历史、历史学	53 物理学
27 经济、经济学	54 化学
31 政治、社会科学	55 天文学
34 法律、法学	56 地球科学（地学）
36 军事、军事学	58 生物科学
37 文化、科学、教育、体育	61 医药、卫生
41 语言、文字学	65 农业科学
48 艺术	71 工程技术
49 无神论、宗教学	90 综合性图书

《科图法》（第3版）共设置了7个通用复分，即总类复分表、中国时代排列表、中国地域区分表、中国各民族排列表、国际时代表、世界地域区分表、世界各民族排列表。另外，还设置有19个专类复分表，即"中国哲学家著作细分表""中国地方史、志细分表""其他各国历史细分表""其他各国经济细分表""其他各国政治细分表""其他各国共产党细分表""其他各国外交细分表""其他各国法律细分表""其他各国军事细分表""各军、兵种细分表""其他各国教育细分表""各项体育运动、体育技术细分表""其他各种语言文字细分表""中国少数民族文学作品细分表""其他各国文学细分表""各种农作物细分表""各种家畜、家禽细分表""其他各种矿细分表""各种化学工业一般著作细分表"。

《科图法》的特点表现为：

（1）较好地体现了马克思列宁主义、毛泽东思想对编制图书分类法的指导作用。体系安排、类目设置既考虑到了图书分类法的思想性，又注意了它的科学系统性。

（2）自然科学部分，列类比较详细，系统性较强，能较好地反映科学技术的发展水平。

（3）在类目中采用了交替、参见等多种方法，对于解决等级体系分类法所产生的集中与分散的矛盾，起到一定的缓和作用，有利于专业图书馆使用。

（4）采用单纯的阿拉伯数字作为类目的代号，单纯、简洁、易记、易读、易于排检；由于采用顺序层累的配号制度和灵活的配号方法，使号码具有较强的灵活性、助记性和容纳性。

（5）体例清楚，结构完整，除主表外，还有众多通用附表和专类附表，并运用了仿照复分的方法，既节省了分类表的篇幅，又增加了细分类目的程度。

3.《中国图书资料分类法》

《中国图书资料分类法》简称《资料法》，是根据科学技术文献分编和检索的需要，由中国科学技术情报研究所组织有关科技情报部门在《中图法》的基础上编制而成，1975年由科学技术文献出版社首次出版。《资料法》目前有四个版本，其中第1、2、3版分别于1975年、1982年、1989年由科学技术文献出版社出版。《资料法》的第1~3版曾属于《中图法》的系列版本，由《中图法》编委会统一管理，具体由中国科学技术情报研究所（后改名为中国科技信息研究所）组织有关科技情报部门在《中图法》的基础上编制而成。为了发挥《中图法》不同版本的作用，提高不同版本的实用性，1988年《中图法》第二届编委会做出决定：《资料法》在与《中图法》保持两者体系结构一致性的前提下，应与《中图法》在分类深度、组配方法、附加符号的使用方面有所不同。

1996年6月，原国家科委信息司下发《关于修订＜中国图书资料分类法＞第三版的通知》，专门组建了《中国图书资料分类法》编辑委员会，并征求19个部委情报（信息）所和有关单位对各专业类表的修改意见，在中国科技信息研究所成立了《资料法》修订编审组，从1996年下半年起，《资料法》（第3版）的修订工作开始启动。《资料法》(第3版)的修订内容：一是在类目体系方面，在保持与《中图法》体系结构一致的基础上，除吸收《中图法》(第4版)新增加的类目外，重点修订和增补了自然科学与工业技术方面的类目；二是增强了《资料法》的组配功能，以适应网络环境下机检的需要。《资料法》(第4版)于2000年2月由科学技术文献出版社出版。

表3-5 《资料法》的38个基本大类表

A 马克思主义、列宁主义、毛泽东思想、邓小平理论	T 工业技术
TB 一般工业技术	TD 矿业工程
B 哲学、宗教	C 社会科学总论
TE 石油、天然气工业	
D 政治、法律	TF 冶金工业
E 军事	TG 金属学与金属工艺
F 经济	TH 机械、仪表工业
G 文化、科学、教育、体育	TJ 武器工业
H 语言、文字	TK 能源与动力工程
I 文学	TL 原子能技术
J 艺术	TM 电工技术
K 历史、地理	TN 无线电电子学、电信技术
N 自然科学总论	TP 自动化技术、计算机技术
O 数理科学和化学	TQ 化学技术
P 天文学、地球科学	TS 轻工业、手工业
Q 生物科学	TU 建筑科学
R 医药、卫生	TV 水利工程
S 农业科学	U 交通运输
	V 航空、航天
	X 环境科学、安全科学
	Z 综合性图书

《资料法》(第 4 版)的大类体系与《中图法》(第 4 版)的大类体系基本一致。《资料法》将《中图法》中"T 工业技术"大类所属的 16 个二级类目(TB/TV 类)作为基本大类。38 个大类的展开采取层层划分、详细列举的方式,形成一个等级分明的类目体系。有些类目的展开可达 8 级以上,类表共设置约 5.6 万个类目。

《资料法》(第 4 版)的标记符号种类、标记制度与《中图法》(第 4 版)相同,即采用字母与阿拉伯数字相结合的混合号码。基本上采用层累标记制,为了适应列类的展开,也采用了八分法、双位制、借号法等灵活的编号方法。采用了推荐符号、起讫符号(起止符号)、交替符号、联合符号、关联符号(组配符号)、总论标识符号(总论复分符号)、地区标识符号(国家、地区区分号)、时代标识符号(时代区分号)、民族标识符号(种族、民族区分号)、通用时间地点标识符号(通用时间、地点区分号)等 10 种辅助符号。《资料法》还采用了通用人物标识符号"''"与通用环境标识符号"《》",分别用于区分人物特征和环境特征。

《资料法》(第 4 版)广泛地使用了组配方法,允许自由组配,并采用分段标记法。它规定只要是文献资料标引与检索的需要,都可以选取联合组配、复分组配和关联组配等不同方式,这实际上就是采用自由组配。同时,《资料法》(第 4 版)还采用了分段标记法,不仅扩充了组配范围,而且解决了组配后号码的分拆、前置、插入、轮排的问题,增强了多途径检索的功能。《资料法》(第 4 版)共编列了 10 个通用复分表,即"总论复分表""世界地区表""中国地区表""国际时代表""中国时代表""世界种族与民族表""中国民族表""通用人物表""通用环境表与通用时间""地点表"。这 10 个通用复分表均有其专用标识符号,主表中无论是否注明依某种通用复分表分类,当需要用某种通用复分表分类时,复分号均须连同其专用标识符号一起加在主类号之后。另外,《资料法》(第 4 版)中还设置了 70 多个专类复分表。

第二节　国外常用图书分类法

国外图书分类法历史悠久，技术成熟，下面介绍国外影响较大的几部图书分类法。

一、杜威十进分类法

1. 杜威十进分类法概述

《杜威十进分类法》是世界上流传最广、影响最大的一部文献分类法。《杜威十进分类法》的作者是美国的麦维尔·杜威（1851—1931），他是最著名的美国图书馆活动家之一，美国图书馆协会的组织者和主席，第一家图书馆专业机构刊物《图书馆杂志》和第一所图书馆学校的奠基人。杜威在21岁时开始研究十进分类法，1873年他编成了《十进分类法》草稿，因其用阿拉伯数字十进（小数）制号码作标记符号而著称。1876年首次出版，1885年出版第2版，3年后又出版了第3版，到1996年，已出版到第21版，该版共4卷，类目数量由第1版的1 000个发展到3万多个。目前出版工作由森林出版社负责。

早在20世纪80年代就完成了杜威十进分类法计算机管理系统的研制。于1933年1月推出的CD-ROM形式的电子杜威，是世界上第一个自动化的交互式分类法系统。电子杜威系统由三个部分组成：主体是一个光盘数据库，包括《杜威十进分类法》（第20版）的类表、复分表、相关索引和手册。第二部分是为便利用户查找《杜威十进分类法》（第20版）光盘数据库而设计的系统软件。第三部分是电子杜威系统用户指南。1994年3月推出升级版本，增加了《杜威十进分类法》的编者介绍和类号的分段标记。1996年7月，森林出版社又在电子杜威的基础上，推出了基于《杜威十进分类法》（第20版）的视窗杜威。同年又推出《杜威十进分类法》（第21版）的视窗杜威。至此，《杜威十进分类法》（第21版）首次以印刷版和电子版两种形式同时推出。视窗杜威有单机版和网络版两种，用户可以从类号、类名、术语等多种途径获取类目体系、索引及与类目有关的完整资料，并可同时调用多种不同功能的窗口进行查找、显示和处理。1997年《杜威十进分类法》率先推出了专业网站,发布于森林出版社名下。《杜威十进分类法》网站内容定时更新,为检索语言的研究者和用户提供了极有价值的最新信息、资料。《杜威十进分类法》网站的具体内容包括:《杜威十进分类法》和森林出版社的简介、有关《杜威十进分类法》的新闻、内容更新和视窗杜威等。

杜威十进分类法的应用形式也有多种。在美国国会图书馆,每年有11万个以上的杜威十进分类法号码用于图书馆分编的著作。杜威十进分类法号码被输入机器可读目录,并通过计算机媒体、在版编目(CIP)数据和卡片分送到各个图书馆。杜威十进分类法号码出现在世界各个国家所发行的机器可读目录上,并在澳大利亚、巴西、加拿大等很多国家的国家书目上使用。美国和其他地方的各种书目服务机构可以通过联机检索出版物和目录卡片产品获得杜威十进分类法号码。随着网络的发展,为有效组织和揭示网络信息资源,一批以文献分类法为工具的网络资源检索系统已逐步建立。据统计,目前使用最多的是杜威十进分类法。

一百多年来,杜威十进分类法能够随着科学技术的发展而持续修订,不断容纳新主题,反映新观点,消除偏见,用大量调整来反映政治和社会变迁,因而成为世界上使用最广泛的一部分类法,目前有超过135个国家和地区的图书馆使用它组织藏书。杜威十进分类法分类号用于多个国家的国家书目。美国众多的公共图书馆、学院图书馆和大学图书馆、专门图书馆在使用杜威十进分类法。《杜威十进分类法》已经被翻译成多种文字,其中包括全译本、节译本、增补本和改编本。中国早在1910年就开始翻译、介绍《杜威十进分类法》,并陆续出现了一批"仿杜""补杜""改杜"的图书分类法。杜威十进分类法的理论和技术对中国近代、现代图书分类法的发展产生了不可忽视的影响。

2. 杜威十进分类法的特点

杜威十进分类法是图书分类法发展史上的一个重要里程碑,它有以下5个特点:

(1)体系结构完整、严谨,囊括所有的知识领域。类目详细,层次清楚,等级分明,易于掌握和使用。

(2)首创以号码代表类目的方法——相关排列法,把图书主题的排列、藏书及目录的排列三者统一起来,为排架、目录组织及检索提供了方便。

(3) 首次采用小数标记制，并初步应用了组配编号法（仿分、复分），容易标注、容易检索、容易排列。

(4) 为分类表配备了一个详细的相关索引，为用户提供了一条按照字顺检索的方便途径。

(5) 由美国国会图书馆、《杜威十进分类法》编辑方针委员会及森林出版社三者组成实力雄厚的管理机构，定期修改，使其不断更新。

二、美国国会图书馆分类法

1. 美国国会图书馆分类法概述

美国国会图书馆分类法是根据美国国会图书馆藏书情况而编制的一部综合性等级列举式分类法。美国华盛顿国会图书馆（世界上最大的图书馆之一）创建于 1800 年，1802 年该馆拥有藏书 964 册，按对开本、四开本、八开本等形式排列。1812 年当藏书增到 3 000 多册时，编制了有 11 个大类的目录，大类内的图书按形式排列。1815 年出版了藏书目录，在目录里，图书按 44 个大类划分。该分类法一直沿用到 1864 年，直至 19 世纪末，图书的架上排列和藏书目录才作了局部变更。美国国会图书馆分类法是在国会图书馆馆长 G. H. 普特南主持下编制的，于 1899 年参考卡特的《展开式分类法》拟定的大纲，自 1902 年起分别由各类专业人员编制，以各大类分册形式先后出版，至 2001 年总共出版约 43 个分册，其中早出版的分册有的已修订第五版。各大类分册可单独为专业图书馆使用，因此，美国国会图书馆分类法可以说是各专业分类法的机械综合。美国国会图书馆分类法的类号后来用于美国国会图书馆发行的印刷目录卡片，并输入所发行的机读目录磁带。1995 年美国国会图书馆运用研制成功的分类数据美国机读编目，将美国国会图书馆分类法类目全部转换为机读形式。这也成了美国国会图书馆分类法得以巩固，并为其他许多图书馆所采用或借鉴的主要原因。

美国国会图书馆分类法的分类体系虽然参考了卡特展开式分类法，但是类目的设置与排列完全受国会图书馆藏书情况的制约，不追求各学科的严密科学系统。

表 3-6　美国国会图书馆分类法的基本类目

A 综合性著作	M 音乐
B 哲学、心理学	N 美术
C 历史:辅助科学	P 语言、文学
D 历史:世界史	Q 科学
E-F 历史:美洲史	R 医学
G 地理、人类学、娱乐	S 农业
H 社会科学	T 技术
J 政治科学	U 军事科学
K 法律	V 海军
L 教育	Z 书目及图书馆学

各大类的次序,大体上是继承 EC 的。其总序列为:综合性著作→哲学→历史→社会科学→艺术与文学→自然科学→技术科学→图书馆学。每一大类一般先列出纲要和大纲,相当于纲目或简表。大小类目的并列、从属关系,用排列的齐行、缩行或字体来表示。每类所分细目十分琐碎,其分组及次序大体如下:

(1)"外在"形式(期刊、词典等);

(2)"内在"形式(理论、方法、研究与教学、历史等);

(3)总论性著作(系统著作);

(4)总论性专题著作(关于主题一个方面的著作);

(5)专题著作(关于主题范围内专门问题的著作)。

各种著作,以各类内容和数量的需要为转移,有时按时代再分,有时按国家或语言再分,或按字顺再分,有时还需要用辅助复分方法和复分表,在使用过程中细分。美国国会图书馆分类法采用拉丁大写字母和阿拉伯数字的混合符号。字母在号码开头用一个、两个、三个不等。数字用在字母后面从 1~9 999 皆为整数,有时少量的也在 1~9 999 任一整数后面用小数,必须有小数点。数字后面常用卡特字顺号码,一个大写字母带一位至三位数字不等;第一个字顺号码的字母前得带一小圆点,相当于小数点;连续的第二个、第三个……字顺号码,则字母前不再有小圆点。有时还用四位数字的年份号码,前面用小圆点或逗号标记。美国国会图书馆分类法的标记符号形式大体分三个层次:字母;整数,小数;字顺号。各层次的序列,除整数由小到大排列外,其他都应理解为小数制,逐级按字母顺序和数字由小到大排列。美国国会图书馆分类法虽属大型列举式分类法(包括形式细分、地区、国家、时代、事物主题等的列举),但仍存在不少类目之间的共性区分没有一一列举而指明采用附表复分的情况。美国国会图书馆分类法没有全表通用的复分表,只有各类根据具体需要而设置的专类复分表或复分方法,还得根据注释说明来使用。美国国会图书馆分类法的复分表或复分方法大体有形式细分表、地区细分表、时代细分表、事物主题字顺细分表四种类型。

2. 美国国会图书馆分类法的特点

美国国会图书馆分类法开始是供国家图书馆排架用的,1990年后,美国许多高校图书馆和专业图书馆,以及美国以外一些英语国家的图书馆也逐渐采用。其特点表现为:

(1)根据"文献保证"原则,完全依据美国国会图书馆的藏书情况而编制,实用性强。

(2)由于按大类独立编制、分册出版,类目详细,所以既适用于综合性图书馆,又适用于专业图书馆。

(3)设有专门机构负责经常性的修订工作,及时更新,能够及时反映新学科、新主题。

(4)采用顺序制,类号简短,便于扩充。

美国国会图书馆分类法的主要缺陷是各大类编制的不均衡性和多样性。许多不同的集体和个人参与了各个部门分类法的编制,编制的时间不一样,持续了几十年。此分类法每编完一个分册就出版一个分册(通常每一分册包含一个大类,也有一个大类占两个分册的)。所以,美国国会图书馆分类法不像杜威、卡特的分类法那样有完整的、统一的构思和实施办法。另外,组配性及助记性差,缺乏表达性。

三、国际十进分类法

1. 国际十进分类法基本概况

国际十进分类法是比利时人奥特勒和拉丰丹在杜威十进分类法的基础上编制

的，是目前国际上使用最广泛的一部组配式分类法。奥特勒是比利时法学家，热心于目录学，是国际目录学研究所秘书长。拉丰丹是比利时的一位上议员、社会学家、国际和平委员会主席，1913年曾由于对和平事业的贡献而获诺贝尔奖金。1890年奥特勒和拉丰丹在布鲁塞尔组织成立"社会政治研究会"，其中设有书目组，负责编制全世界社会政治科学专著和论文目录。1895年召开第一次国际目录学会议，决定编制《世界图书总目》，并成立国际目录学会（后改为国际文献工作联合会），由该学会承担此项工作。这时，《杜威十进分类法》已出版第5版并传入欧洲。奥特勒等人鉴于杜威十进分类法是当时最先进的文献分类法，决定用它作编制目录的标引工具。但杜威十进分类法类目用于资料分类不够详细，类目偏重美国观点，必须加以调整和扩充。1895年6月，在得到杜威的同意后，以《杜威十进分类法》（第5版）为基础加以修改补充，1905年编成《世界图书总目手册》，在布鲁塞尔出版，称之为《国际十进分类法》（第1版）（法文版），即《国际十进分类法》（国际第1版），内含3.3万条类目和一个3.8万条款目的字顺索引。《国际十进分类法》（第2版）于1927—1933年用法文出版，共有7万个类目，由奥特勒和拉丰丹负责社会科学、人文科学部分，戴维斯负责自然科学和应用科学部分，在数十位学科专家协助下完成，本版奠定了国际十进分类法以后发展的基础。《杜威十进分类法》第3版（德文版）由德国标准协会主持翻译，于1934—1951年出版，是目前较完整的版本。其他译本如第4版（英文版）、第5版（法文修订版）、第6版（日文版）、第7版（西班牙文版）、第8版（德文版）均不完整。1977—1984年英国标准学会用英文出版了《国际十进分类法》的详本（共22册），可视作《国际十进分类法》最新最全的版本。据1982年国际文献联合会573号出版报道，《国际十进分类法》已有23种语言的各种详本、简本。数十年来，国际十进分类法被世界许多国家所采用，成为世界图书情报的国际交流语言并用于组织网上资源，它被应用于类分馆藏文献、编制文摘、索引；有些国家规定出版社需标注国际十进分类法类号。我国GB 7713-1987规定，科学技术报告、学位论文、学位论文的封面上尽可能注明国际十进分类法类号。国际十进分类法目前已成为名副其实的国际通用文献分类法。

2. 国际十进分类法基本分类

国际十进分类法的分类基本原则与杜威十进分类法相同，突出"实用"这一编制思想。它自称是一种实用的分类法。奥特勒认为,不应该将国际十进分类法看作是一种知识的哲学分类,类目的次序也非常重要,国际十进分类法的目的在于使任何一篇文献,只要经过正确的编号与排列,就可立即从任何层面查到。国际十进分类法沿用了杜威十进分类法的基本大类结构,把人类的全部知识划分为10大门类,每一大类用一位阿拉伯数字表示,第4类语言类于1964年并入第8类文学类,空下的第4类拟用作扩充科技类目。

表3-7 国际十进分类法的基本大类表

0 总类、科学与知识	5 数学和自然科学
1 哲学、心理学	6 应用科学、医学、技术
2 宗教、神学	7 艺术、文娱、体育运动
3 社会科学	8 语言、语言学、文学
4(空缺)	9 地理、传记、历史

国际十进分类法的主表是一个逐次展开的等级分类体系,按照从一般到特殊的原则,逐级进行区分,形成层层展开、详细列举。它共设置了八个通用复分表,即语言复分表、形式复分表、地点复分表、种族和民族复分表、时间复分表、观点复分表、材料复分表、人与人特征复分表。在主表中,国际十进分类法还设置了众多的专用复分表。

3. 国际十进分类法主要特点

国际十进分类法的主要特点表现在:主题领域广泛,能详尽地概括人类全部知识,是世界现有分类法中明细度最高的分类法,详本约15万类目;标记制度灵活,并采用了组配、轮排等方法,被称为是一种语义力很强的标引语言;适用于机器检索,国际十进分类法结合计算机功能成功地用于文献的分类、检索、报道及类表管理。国际十进分类法的主要不足是:体系陈旧,组配过于复杂,修订不够及时。

四、冒号分类法

《冒号分类法》是印度著名图书馆学家阮冈纳赞创建的一部分面分类法。阮冈纳赞生于1892年,1917—1922年期间,阮冈纳赞在印度马德拉斯大学教授数学。

从 1924 年开始,他在该校图书馆工作,同年被送到英国伦敦高等图书馆深造。在学习图书馆理论、研究分类法的过程中,他发现已有的分类法不能适应科学发展需要,不能随时扩充新学科的主题内容,于是自己决心编制一部新的分类法。1925年,阮冈纳赞在英国返回印度的途中完成了《冒号分类法》初稿,经过几年的实践,1933 年正式发表了《冒号分类法》(第 1 版)。在这里,阮冈纳赞提出了分面标记理论,用冒号作为分面符号。1932 年第 2 版中增加了"A 精神体验与神秘主义"类,并开始采用八分标记法。1950 年出版第 3 版,采用了"焦点""面""相"等概念。1952 年第 4 版提出了五种"基本范畴",采用五种不同的分面符号并增加了几个基本大类,大大改变了冒号分类法面貌。1957 年第 5 版将分类法分成两卷,第一卷适用于普通图书的分类,称为"基本分类法";第二卷适用于论文资料的分类,称为"深度分类法",出现分区的概念。1960 年将第 1 卷修订出版作为第 6 版,将八分法进一步发展成为扇形法。1972 年第 1 版在动态适应和深度描述两方面进行了新探索。

按阮冈纳赞设想,《冒号分类法》的发展分为两个阶段:其一,设计用于类分宏观主题文献的"基本分类法",1933 年的第 1 版至 1963 年的第 6 版就是这一阶段的成果;其二,设计用于类分微观主题文献的"深度分类法",1987 年正式出版的第 7 版就是这一阶段的成果。在《冒号分类法》(第 7 版)《预告》一文中,阮冈纳赞认为:《冒号分类法》第 1~3 版属于完全的但不灵活的分类表类型,第 4~6 版属于准自由分面的类表,而第 7 版则是自由分面的类表。

所谓"自由分面"类表是一个以明确规定的三个结构层面——概念层面、词语层面和标记层面的一系列假设、规则以及原则为指导的分类表。在这种类型的分类表中,就类分一个主题而言,其程序包括:把主题在概念层面中分析成各个面,并将它们转换成通行标准术语的词语层面的核心词汇,再将它们根据分类表转换成标记层面的核心号,最后将核心号合成符合主题的分类号。

表 3-8 《冒号分类法》(第 6 版)的基本大类

Z	综合类	L	医学
1	知识全体	LZ	医药
2	图书馆学	M	实用技艺
3	图书学	△	精神体验与神秘主义
4	新闻学	MZ	人文科学与社会科学
A	自然学	MZA	人文科学
AZ	数理科学	N	艺术
B	数学	NZ	文学与语言
BZ	物理科学	O	文学
C	物理学	P	语言学
D	工程学	Q	宗教
E	化学	R	哲学
F	工业技术	S	心理学
G	生物学	X	社会科学
H	地质学	T	教育
HZ	采矿学	U	地理
I	植物学	V	历史
J	农业	W	政治
K	动物学	X	经济
KZ	畜牧学	Y	社会学
		YZ	社会工作

冒号分类法的基本大类分为4个分区:Z 综合类为第一分区类目,以小写拉丁字母表示;以阿拉伯数字表示为其他学科所不能包括的新型学科,作为第二分区类目;大写拉丁字母 A~Z、Σ、△表示传统学科类目,作为第三分区类目;第四分区为新出现的各种方法学、带有工具性质的类目,以带有"( )"的大写或小写拉丁字母表示。

使用冒号分类法对文献分类,要按照该分类法所制定的假设、原则、方法以及在各类表下相应的分面公式进行,通过对事物进行基本范畴分析、相分析、面分析、轮分析、层分析等分析—综合程序来完成。

阮冈纳赞认为知识是"多维的""动态的""无限领域的",分类语言的动态性确定了冒号分类法适应知识领域动态发展的基调。冒号分类法以"分析—综合"这种新的组织、反映知识的方式有别于传统列举式的分类法,对当代分类学的发展以及分类法的编制产生了广泛、深远的影响。

五、布利斯书目分类法

布利斯书目分类法是在书目分类法的基础上改编而成的一个大型综合性分类法。《书目分类法》是等级体系分类法,1935年,美国著名的图书馆学家布利斯(1870—1955)首次以《书目分类法体系》为题发表了分类法大纲,1940—1953年威尔逊公司出版了详表,包括类表和索引,共四卷,定名为《书目分类法》。英国自1954年起,编辑出版《布利斯分类法公报》,专门报道《布利斯书目分类法》的修订情况和增补内容,以确保《布利斯书目分类法》的时效性。书目分类法自问世以来,使用者不是很多。特别是在美国,由于先前问世的杜威十进分类法以及美国国会图书馆分类法等已占主导地位,给书目分类法的推广、使用带来了一定的困难。但在英联邦国家,书目分类法却受到了较大程度的欢迎。原因之一是因为他们本身没有自编的像杜威十进分类法和美国国会图书馆分类法这样的综合性分类法。1967年,英国成立了布利斯分类法协会,并接受了威尔逊公司转让的《布利斯分类法公报》的出版权,使布利斯分类法及其理论得以继续发展。布利斯分类法协会主席米尔斯是著名的图书馆学家,他长期从事分类研究和教学工作。米尔斯自接任布利斯分类法协会主席之后,一方面不断加强对书目分类法的推广、使用工作;另一方面,对书目分类法的体系结构、标记制度等进行了深入的研究。20世纪60年代末以来,为适应现代文献标引和检索的需要,以米尔斯为首的布利斯分类法协会成员采用全新的方法着手对书目分类法进行彻底的分面改造,并将改造后的分类法命名为布利斯书目分类法。布利斯书目分类法的正式分面改造始于1969年,1977年《布利斯书目分类法》开始按大类陆续出版分卷(每卷约一个或两个主题)。布利斯书目分类法的成功改造已得到广泛认可,米尔斯本人也由于布利斯书目分类法的成功改造荣获了国际文献工作联合会颁发的阮冈纳赞分类研究奖。

布利斯书目分类法的分面改造过程主要体现在三个方面:一是根据分面分析的原则,建立具有分面结构的类目体系。首先在类表中列出基本部类及基本大类,然后根据分面分析的原则及各大类自身的学科总体关系,在各大类下分出若干个基本分面;在每个基本分面下,再列出若干个亚面;再在各个亚分面下,又按照不同的特征列出子分面,在子分面下,根据实际需要,又列出更小的子分面;依此类推,从而形成一个分面链。二是确定引用次序。布利斯书目分类法的改编者采用了"先目的后手段"的引用次序。其基本引用次序为:"终极产品→部类→部件→材料→性质→过程→操作→施动者"或"工具→空间→时间"。三是采用倒排档方式排列类表。布利斯书目分类法在采用明确引用次序的同时,将所有的类表采用倒转排表方式,即排档次序与引用次序相反,引用次序在前的排在后面,而引用次序在后的反而排在前面,从而形成了在分类目录中由总到分、由一般到特殊这种符合人们认识规律和检索习惯的系统排列。这种倒排法是布利斯书目分类法最具特色的地方之一。

布利斯书目分类法基本上采用字母制,在局部范围内还采用了数字制与字母数字混合制。在配号制度上,布利斯书目分类法采用分析—综合这种分段组配标记形式。从其类号的组配方法来分析,主要有:以回溯标记法为基础的组配标记制度、组配方法、采用各种辅助表、根据类目注释,进行类号组配和采用逗号","和短横作为备用分面组配符号,供类目轮排时使用等五种形式。《布利斯书目分类法》设有通用复分表、地点复分表、语言复分表和时间复分表共四个复分表。

六、日本十进分类法

《日本十进分类法》是日本图书馆界使用率最高的一部分类法,由森清编制。

1929年之前,日本使用的分类法是在杜威十进分类法基础上编制的十进制分类法,如京都府立图书馆分类法、山口图书馆分类法等。1927年在大阪成立了青年图书馆联盟,其纲领中有编制标准分类法的任务。会员森清于1928年编出《日文、西文图书通用十进分类表草案》,发表在联盟机关刊物《图书馆研究》(第一卷)上。1929年8月正式出第一版,改称《日本十进分类法》。《日本十进分类法》问世后在日本广为采用,并不断进行修订。于1931、1935、1939、1942年先后出版第2~5版。《日本十进分类法》前五版均为森清编著,1948年日本图书馆协会成立分类委员会,对《日本十进分类法》(第5版)进行较大修订,1951年出新订第6版,此后《日本十进分类法》的管理交日本图书馆协会,1961年出新订第7版,1978年出新订第8版,至1981年9月已印刷10次。《日本十进分类法》新订第8版由序言(历史与版本、第8版修订说明、体系结构、使用方法)、主表(大类表、纲目表、要目表、详表)、辅助表、相关索引等部分组成。《日本十进分类法》第8版共625页,其中相关索引占286页。

表3-9 日本十进分类法纲目表

000 总论	490 医学、药学
100 哲学	500 技术、工程学、工业
160 宗教	590 家政学、生活科学
200 历史	600 产业
290 地理、地志、纪行	700 艺术
300 社会科学	800 语言
400 自然科学	900 文学

这个分类大纲是仿照卡特的《展开制分类法》编列的,所以与《美国国会图书馆分类法》相近。《日本十进分类法》共有五个辅助表,为形式、地区、语言形式、语种、文学形式等五种。日本十进分类法的特点与杜威十进分类法相近,日本十进分类法的体系比杜威十进分类法更适用于日本图书馆的情况,因此在日本被广泛采用。自1948年起有了永久性的管理机构,可以定期进行修订。日本图书馆协会和国会图书馆的印刷卡片都著录了日本十进分类法的类号,为日本十进分类法的用户提供了很大方便。日本十进分类法的不足是把经济和商业、产业和工业分开列类,不便于用户使用。另外,《日本十进分类法》(第8版)类目总数不足9 000,用于编制分类目录细分深度明显不够。

第三节 图书分类标引规则

图书的内容相当复杂,有论述单主题的,有论述多主题的;有单一学科的,有多个学科的。要保证图书分类标引的科学性、一致性,就需要有一系列规则来约束、规范文献分类标引工作的过程。图书分类标引规则根据适用的范围可分为:基本规则、一般规则、特殊规则。

一、图书分类标引的基本规则

图书分类基本规则是指贯穿在整个分类标引工作中通用的原则和方法,是在长期分类标引工作的实践中总结出来的,大家公认并共同遵守的若干规则。图书分类的基本规则有以下几个:

1. 学科专业属性原则

图书分类要以图书内容的学科或专业属性为主要标准,其他特征为辅助标准。这是图书分类中最重要的原则,要求标引时首先考虑图书的学科属性。只有无法依学科属性或不适于依学科属性归类的文献,才按文献的地区(国家)、民族、时代、体裁等特征归类,如《经济学》入F0。

书名是对图书内容的高度概括,一般能反映书的内容,但也有很多书名不能确切反映书的内容,这就需要对书的序、目次、内容提要、正文等进行阅读并进行周密的主题分析,分析其学科、专业属性,以达到正确归类的目的。例如,《植物学》从书名可直接判断出书的内容,入"Q94 植物学";而李巍著的《冬虫夏草》,仅看书名很可能认为是药用作物,归入"S567.3 菌类",实际这是一部短篇小说集。因此,分类标引时不能单凭书名归类。

2. 系统性和逻辑性原则

图书分类要遵守所用分类法的规定,体现分类法的系统性和逻辑性。分类法是一个逻辑性概念系统,分类法上、下位类的从属关系、同位类的并列关系、类目含义受类目体系限定的逻辑关系、总论与专论的处理原则等,都应在分类标引中体现出来。凡能归入某一类的图书必能归入其上位类,否则就归错了类。不能把专论性的图书归入总论性类目,否则也是错误的。例如:

G42　教学理论(总论教学理论)

G642　教学理论(高等教育)

G652　教学理论(师范教育)

G712　教学理论(职业技术教育)

这四个类要根据上位类的限定来确立归类。如将《高等教育教学理论》归入

G652，就违背了凡能归入某下位类的图书必能归入其上位类的逻辑。

3. 专指性原则

图书分类应符合专指性要求，即将图书归入恰如其分的类目。只有当分类表中无专指类目时，才能归入最接近的上位类或相关类。如果具体单位根据本单位定的补充细则，对图书进行粗分，也应在规定的范围内入最接近类目，例如，《亚麻育种、栽培和田间管理》入 S563.2。

4. 实用性原则

图书分类标引必须使文献能"尽其用"，即符合实用性要求。这就是说图书标引时应结合图书的用途、写作宗旨与读者对象、收藏机构的专业性质和用户需要等因素，将其归入能够发挥最大用途的类，即当被标引图书涉及分类法中多个类目时，首先应归入对用户最有用、最易检索到的类目。应利用互见分类、分析分类等方法对文献进行全面反映，提供尽可能多的检索途径。例如，《农业气象学》在综合性图书馆或农业单位入 S16，在气象专业单位可入 P49：S 类。

5. 一致性原则

图书分类一致性原则，不仅要求相同主题图书前后归类一致而且要求同类型或同性质的图书，其主题分析水平、分类标引方式等方面也应前后归类一致。由于分类法结构体系、类目编列的复杂性，图书著述的多样性和内容的交叉性，分类人员对类目含义、图书主题理解的歧义，都可造成图书归类前后不一致。为保证分类标引的一致性，要严格遵守分类标引工作程序和相应的分类标引规则，各单位还要通过建立分类规范文档，把难以确定类属的文献人为地集中到某类，不要分散到各类中去。

6. 思想性原则

哲学、社会科学门类的理论性文献，标引时应注意其政治思想倾向，必要时可进行观点区分，使用总论复分号"-08"加以区别。但属于学术观点上的分歧不必加以区分。

二、图书分类标引的一般规则

图书主题是概括文献中某一研究对象情报内容的概念。对于具体的文献，其论述的主题是多样化的。有些图书只涉及一件事或一个主题,有些则包含两个或更多主题,还有的文献甚至涉及几门学科。图书主题数量不同,进行分类标引的方法也不同,下面就具体介绍单主题图书和多主题图书的分类标引规则。

1. 单主题图书的分类标引规则

所谓单主题图书是指图书论述和研究的对象只有一个主题内容,即只涉及一件事物、一个东西或一种现象。单主题图书根据组成其主题的概念因素的数量划分为单元主题和复合主题。单元主题是指图书只含有一个主题概念。复合主题是指由两个或两个以上概念因素结合组成的单主题。

(1) 单主题图书的分类标引

①对某一事物或问题进行综合研究的图书,应按事物或问题的学科属性归类。例如:

《动物学》入 Q95;

《传播学》入 G206。

②从不同学科角度论述某主题的图书,应根据研究角度归入各有关学科。例如:

《药茶》入 R289.5(茶的药用);

《茶多酚化学》入 TS272(茶叶的化学成分);

《中国茶文化》入 TS971(文化角度)。

(2) 复合主题图书的分类标引

复合主题包括两个或两个以上的概念因素,概念之间是限定与被限定的关系。主题的概念因素主要有主体因素、通用因素、位置因素、时间因素、民族因素、文献类型因素。

①复合主题标引时,首先应分析复合主题概念因素的类型,依据主体因素的研究角度所属学科归类,然后判断其他各类型因素所属的类,将各类号按分类法中规定的规则进行组配。例如:

欧洲冶金工业经济	(地理位置)	(主体)
F4	5	0.63
工业经济	欧洲	冶金工业经济

（主体）　　　　　　（位置）　　　　　　（主体）

②当主体因素所在的类目不再细分时，有关该事物各主题因素的图书归入该事物类下。例如，"铜合金—电分析"，先归入金属学—金属材料，再归入重金属及其合金。该类下包括铜及铜合金各主题因素的图书。

③研究一个主题的两个方面或多个方面的图书，按论述的重点归类，不能辨别其重点的，归入其共同的上位类，没有共同上位类的，按排在前面的主题因素归类，并为其他主题因素作互见分类。例如：

《胡萝卜良种与栽培》按重点"栽培"入 S631.204；

《土壤分析与改良》入上位类 S15；

《小麦病虫草鼠害综合治理》入 S435.12，并在 S44 和 S45 两类下作互见。

2. 多主题图书的分类标引规则

所谓多主题图书是指图书研究或论述的主题内容有两个或两个以上。根据各主题之间的关系可分为并列关系主题、从属关系主题、应用关系主题、影响关系主题、因果关系主题和比较关系主题等。分类标引时应具体分析、区别对待。

（1）并列关系主题图书的分类标引

并列关系主题是指图书同时论述了两个或两个以上各自独立的主题。具有两个并列主题的图书，归入能概括它们的上位类；无共同上位类的，依论述的重点归类；不能辨别其重点的按前一个主题的学科属性归类，并为另一个主题作互见分类。具有多个并列主题的图书，归入能概括它们的上位类。例如：

《家禽家畜养殖》入 S82，在 S83 下作互见；

《板栗、核桃、枣、山楂、杏栽培与病虫害防治》入 S660.4，在 S436.6 作互见。

（2）从属关系主题图书的分类标引

从属关系的主题是指图书各主题之间有包含关系、属种关系或整体与部分关系。标引时，一般依较大主题归类，若论述的重点是小主题则依小主题归类。例如：

《植物油脂化学与油脂化学》入 TQ641；

《农业植物与花卉》按重点主题"花卉"入 S68。

(3) 应用关系主题图书的分类标引

应用关系的主题是指一个主题应用到一个或几个主题中,或几个主题应用到一个主题中。标引时,凡论述一种理论、方法、工艺、设备等在某一主题或学科方面的应用,归入应用到的主题或学科所属类目;在多个主题方面的应用,按理论、方法、工艺等本身的学科属性归类。例如:

《数学规划在测绘学中的应用》入测绘学 P2;

《遥感技术在测绘、气象和地质勘探上的应用》入遥感技术 TP79。

(4) 影响关系主题图书的分类标引

影响关系的主题是指图书内容的几个主题,其中一个对另一个或多个主题产生影响,或者多个主题对一个主题产生影响等。标引时,论述一个主题或多个主题影响一个主题的图书,归入受影响的主题所属类目;论述一个主题对多个主题产生影响的图书,按产生影响的主题归类。例如:

《月亮太阳的引力对人类生老病死的影响》按受影响的主题归入 R339.5;

《天体活动对气象、潮汐、水文的影响》按发生影响的主题归入 P183.5。

(5) 因果关系主题图书的分类标引

因果关系的主题是指图书内容的几个主题,其中一个主题是另一个或多个主题的产生原因,或一个主题是另一个或多个主题作用的结果。标引时,一般归入结果方面主题所属类目。若一个原因产生多个结果则按原因方面的主题所属学科归类。例如:

《维生素 A 缺乏症及其后果》按结果入 R591.41;

《地震给人类和自然界带来的危害》按原因入 P315.9。

(6) 比较关系主题图书的分类标引

比较关系的主题是指图书内容的几个主题之间有相互比较的关系。标引时,一般按著者重点论述的或所赞同的主题归类,必要时可为另一个主题作互见;如果是多个主题之间的比较则归入能概括它们的上位类。例如:

《中美两国民主之比较》入 D62,在 DT71.22 作互见;

《德国、美国、英国和中国林业教育比较》入 S7-4。

三、图书分类标引的特殊规则

图书分类标引的特殊规则适用于各类多卷书、丛书、工具书以及一些特种文献。

1. 多卷书的分类标引

多卷书是一种分卷、辑、册逐次或一次出版的图书。由于多卷书均有总的题名且各卷、册之间内容连贯、密不可分，因此应据全书整体内容的学科属性集中归类。例如：

《邓小平军事文集》(一至三卷)入 A496.5；

《中国人文社会科学博士硕士文库》(法学卷)入 C53，互见 D90-53；

《中国人文社会科学博士硕士文库》(经济学卷)入 C53，互见 F0—53。

2. 丛书的分类标引

丛书是围绕某一特定主题范围，将多种著作汇编成套，并有总书名的图书。丛书的标引方法有两种，一种是集中分类标引，即按整套丛书内容的学科属性集中归类；一种是分散分类标引，即按丛书中每册书内容的学科属性归类。当整套丛书中的单册书学科性、专业性较强时，按其单书的内容分散归类。符合以下几种情况的丛书宜集中分类标引。

(1)一次刊行的丛书。例如，《新编十万个为什么》入 Z121.7。

(2)围绕时代、地区、事物、事件、人物编辑，内容上密切关联的丛书。例如，《清史研究丛书》入 K249.07。

(3)主题的学科专业面很窄、读者对象明确的丛书。例如，《环境监测丛书》入 X83。

(4)科普性、知识性的丛书，或专门为少年儿童编写的丛书。例如，《自然科学小丛书》入 N49。

3. 工具书的分类标引

工具书可分为参考工具书、检索工具书和语言工具书三类。

(1)参考工具书

参考工具书是供查找资料、事实、数据的工具书，包括百科辞典、年鉴、手册、图

谱等。综合性的参考工具书入 Z 类有关各类;专科性参考工具书依其学科属性入各有关学科,并依总论复分类。例如:

《中国大百科全书》入 Z227;

《中国新闻年鉴》入 G219.2-54。

(2)检索工具书

检索工具书是供查找文献或事物线索的工具书,包括目录、索引、文摘等。查找文献线索的检索工具书归入 Z8 有关各类;专书的索引随原书归类;查找事物线索的检索工具书按其学科属性入有关各类,再依总论复分表分类。例如:

《中国经济学图书目录》入 Z88:F;

《〈全唐诗〉索引》入 I222.742;

《机床产品目录》入 TG5-63。

(3)语言工具书

语言工具书是专供学习语言、使用语言的工具书,包括字典、词典等。除专科性词典归入有关各类外,语言工具书集中归入 H 有关类目。例如:

《七国语辞典》(中、日、英、法、西、葡、意)入 H061;

《新华字典》入 H163;

《汉俄情报学辞典》入 G35-61。

4. 技术标准、专利文献的分类标引

技术标准、专利文献都是特殊的文献类型。由于它们技术信息含量高,被图书馆、信息部门大量入藏。《中图法》在 T 工业技术类下设有"T-65 工业规程、标准""T-18 专利"类目,主要收总论性的技术标准汇编、专利文献汇编。各学科的技术标准、专利文献入各有关类,依总论复分表分类。例如:

《美国工业标准汇编》入 T-657.12;

《塑料技术标准大全》入 TQ32-65;

《中国外观设计专利精品集》入 TBW2-18。

5. 期刊、报纸的分类标引

期刊是一种定期或不定期出版的连续出版物。它的分类标引方法原则上应和标引图书的方法一致,也是按学科内容归类,但可进行粗略分类标引。综合性的期刊入 Z 类,专科性的期刊入有关各类。报纸同期刊一样也是连续出版物,报纸一般不依内容分类标引,而按"地区—刊名—年代"或"刊名—年代"进行排架和组织目录。

6.非书资料的分类标引

非书资料指缩微资料、视听资料、机读文献等非印刷文献。它的标引方法与普通图书相同,按各种资料的学科属性归类。其媒介形式按总论复分表中设置的专用复分表分类。

第四节 各类图书的分类方法

各学科门类图书的分类标引,除了要依据分类标引的基本原则和一般规则外,还应遵守反映各学科知识体系结构和相应类目体系特点的特殊规则。《中图法》标引各学科门类图书的特殊规则体现在分类表的类目注释中,下面按类予以说明。

一、马列类图书的分类标引

本类集中编列了马克思、恩格斯、列宁、斯大林、毛泽东、邓小平的全部图书。类目序列如下：

A1/5　马克思、恩格斯、列宁、斯大林、毛泽东、邓小平著作；

A7　六位无产阶级革命家生平和传记；

A8　马克思主义、列宁主义、毛泽东思想、邓小平理论的学习和研究；

A1/49　收马克思、恩格斯、列宁、斯大林、毛泽东、邓小平撰写的著作,包括全集、选集、单行著作、书信、日记、谈话、诗词等专题汇编等。

这些图书在分类时,凡与学科有关的论著,在给本类号码的同时还在相关学科类目下作互见分类。互见类号后加"a"以示推荐。例如：

《哥达纲领批判》入 A124,互见类号为 D04a；

《实践论》入 A424,互见类号为 B023a。

六位无产阶级革命家的单行著作,依类目表中规定可按历史时期划分细目、给号,也可依"A56 专题汇编"复分表分类,两种方法不能并用。当使用按年代区分的类目分类时,要依据该书写作完成时间以4位阿拉伯数字编制书次号。书次号的前两位数用公元纪年的后两位标记,后两位数用写作完成的月份标记(用01-12);分卷、分册的著作以第一卷(册)写作完成的时间为取号依据;写作年代不明且无处可查的著作,以最初发表的时间为依据。例如:

《矛盾论》,该书著于1937年8月,分类号为A424,书次号为3708,互见类号为B024a;

《剩余价值学说史》(一至三卷),该书第一卷完成于1863年7月,分类号为A122,书次号为6307,互见类号为F032。

六位无产阶级革命家个人著作的专题汇编分别入A16、A26、A36、A46、A496;两人或两人以上的著作专题汇编入A56,再依"A56专题汇编"类目下专类复分表分类。例如:

《列宁论图书馆》入A267,互见类号为G25a;

《毛泽东论新闻宣传》入A467,互见类号为G210a;

《马克思、恩格斯、列宁、斯大林论宗教》入A563,互见类号为B9a;

《毛泽东、邓小平、江泽民论思想政治工作》入A564,互见类号为D64a。

A7收录六位无产阶级革命家的传记(含自传)、生平事迹、回忆录、纪念文集、年谱、照片、画传、故居、遗物等图书。有关他们的文艺作品入I文学、J艺术有关类。例如:

《四大革命导师传》入A7;

《毛泽东画传》入A756;

《邓小平交往录》入A762;

《列宁》(长诗)入1512.25。

A8收录六位无产阶级革命家思想理论研究及研究六位无产阶级革命家原著方面的图书。例如:

《马克思主义原理》入A81;

《毛泽东思想概论》入A84;

《邓小平理论和"三个代表"重要思想概论》入A849;

《列宁著作中的文学典故》入A821;

《实践论解说》入A841.23。

马克思主义的组成部分：

马克思主义哲学归入 B0-0；

马克思主义政治经济学归入 F0-0；

科学社会主义理论归入 D0-0。

二、哲学类图书的分类标引

哲学是自然科学知识和社会科学知识的概括和总结，宗教是社会意识形态。《中图法》将哲学和宗教编列为一个类组，类目序列如下：

B0　哲学理论包括马克思主义哲学、哲学基本问题、哲学流派及其研究；

B1/7　世界及各国哲学包括各国哲学研究和哲学史；

B80/84　哲学范畴的各专门学科包括思维科学、逻辑学、伦理学、美学和心理学。

B9 宗教包括对宗教的研究、宗教理论、世界主要宗教、术数、迷信综合论述哲学理论的图书入 B0；总论马克思主义哲学及辩证唯物主义和历史唯物主义的图书入 B0-0；哲学理论的专题论著按内容入 B01/038 有关各类。例如：

《哲学通论》入 B0；

《马克思主义哲学导论》入 B0-0；

《辩证唯物主义和历史唯物主义原理》入 B0-0；

《自我论·对自我和灵魂的奇思冥想》入 B016；

《英雄与英雄崇拜》入 B038。

B08 只收综合论述哲学流派及其研究的图书。专论某一哲学流派及其研究的图书入 B081/089.3；专论各国哲学流派和某流派哲学家的图书入 B2/7；某一国家的哲学思想影响到另一国家并使其形成另一国家的哲学流派，归入受影响国家哲学。例如：

《现代西方主要哲学流派述评》入 B08；

《实证主义》入 B082；

《日本的米子学》入 B313.3；

《行动与效果：美国实用主义研究》入 B712.59。

专门学科的哲学理论入各有关学科。如"E0-02 军事哲学""K01 史学的哲学基础"等。例如：

《教育哲学通论》入 G40-02；

《经济哲学论纲》入 F0-02；

《自然价值论》入 N02。

总论世界及跨两洲以上地区哲学史、思想史、哲学著作汇编、哲学思想研究的图书入 B1，一洲一国的哲学史、哲学家著作及其哲学思想研究的图书入 B2/7 各洲各国哲学。例如：

《哲学史》入 B1；

《西欧哲学史》入 B56；

《韩国哲学史》入 B312.6。

各国哲学家的哲学著作集，综合性哲学著作以及有关其哲学著作研究。哲学思想评论和研究的图书入 B2/7 各类。类目表中未编列专类的各国哲学家（古代、近代哲学家类）的著作归入其所在国家相应时代哲学的"其他"类。例如：

《培根论文集》入 B56.21；

《孟子评传》入 B222.55；

《证人之境：刘宗周哲学的宗旨》入 B248.99。

一个哲学家评论、研究、注释其他哲学家著作和哲学思想的图书，均入被评论研究的哲学家类目，并在原著作人类下作互见分类。例如：

《庄子解》，(清)王夫之著，入 B223.53，互见类号为 B249.2；

《康德哲学论述》，(德)黑格尔著，入 B516.31，互见类号为 B516.35。

各国哲学家的哲学领域专著入哲学类相关类目，其他学科的著作入有关学科，并均在该哲学家类下作互见分类。例如：

《欧洲哲学史》，(德)黑格尔著，入 B5，互见类号为 B516.35；

《穆勒名学》，(英)穆勒著，入 B812，互见类号为 B561.42；

《罪与罚》，(俄)赫尔岑著，入 I512.447，互见类号为 B512.42；

《微积分》，(法)笛卡尔著，入 O172，互见类号为 B565.21。

"B80 思维科学"收录研究思维规律和思维方法的总论性图书，专论性图书入有关各类。例如：

《思维科学研究》入 B80；

《军事思维学论纲》入 E0-02；

《灵感：创新的非逻辑思维艺术》入 B804.3。

"B81 逻辑学"内容包括辩证逻辑、形式逻辑、哲理逻辑和应用逻辑。应用逻辑在本类中收录总论性著作，专论逻辑学和某一方面应用的著作入有关各类。数理逻辑和概率逻辑属数学分支学科入 O 类。例如：

《逻辑学》入 B81；

《诸子百家的逻辑智慧》入 B81-092；

《普通逻辑原理》入 B812；

《认知逻辑导论》入 B815.3；

《应用逻辑与逻辑应用》入 B819；

《经济逻辑学》入 F0-05。

"B82 伦理学"收录伦理学哲学基础、伦理学与其他科学的关系、伦理学流派及其研究，以及关于人生观、人生哲学、国家道德、家庭婚姻道德、社会公德、个人修养等方面的图书。例如：

《伦理学导论》入 B82；

《忍经》入 B825。

"B823 家庭、婚姻道德"只收有关家庭和婚姻、恋爱、两性关系等方面的伦理学著作；属于社会生活和社会问题等方面的理论著作入 C913；属于专门针对某一国家或地区社会生活与社会问题等方面的著作或分析、调整、研究资料入 D5/7 有关类；属于社会生活和社会问题纪实性报道的著作入 I253.7。例如：

《论婚姻道德》入 B823.2；

《婚姻学》入 C913.13；

《中国婚姻暴力》入 D669.1；

《九种声音：离婚女人谈离婚》入 I253.7。

"B83 美学"包括美学理论、美学流派及其研究、美学与社会生产、美学与现实社会生活等的总论性图书，专论入有关各类。例如：

《新美学教程》入 B83；

《智者的审美》入 B83-0；

《商品美学》入 B832.3；

《新闻美学》入 G210。

"B84 心理学"收普通心理学和实验心理学方面的图书,如心理学研究方法、心理过程与心理状态、发展心理学、生理心理学、变态心理学、个性心理学等方面的图书均入本类。"B849 应用心理学"只收总论性图书,专论心理学在某一方面应用的图书入有关各类。例如:

《心理学概论》入 B84;

《理解信息储存的奥秘:记忆心理学》入 B842.3;

《儿童异常心理》入 B844.14;

《性格的优点与弱点》入 B848.6;

《应用心理学教程》入 B849;

《服饰心理学》入 TS941.12。

"B9 无神论、宗教"收录宗教理论、宗教组织、世界各国宗教概况及宗教史、宗教地理的总论性文献;各种宗教的经文、宗派、宗教史、宗教人物传记等方面的文献。各国宗教事务、宗教政策入 D 有关类,宗教考古入 K8 有关类。从旅游观光角度介绍宗教建筑的文献入 K9。例如:

《当代无神论教程》入 B91;

《中国天主教》入 B976.1;

《张三丰考略》入 B959.92;

《北京清真寺文化》入 B967.21;

《昆明古刹名寺览胜》入 K928.75。

三、社会科学类图书的分类标引

C 类包括两部分内容:C0/7 容纳总论社会科学的共性区分问题的文献,与总论复分表的类目序列一致。C8/97 是具有社会科学属性并带有普遍性的综合性学科类目。C 类包括统计学、社会学、人口学、管理学、民族学、人才学和劳动科学。

C0/7 收录总论社会科学具有共性区分的文献,社会科学专门学科的具有共性区分的文献归入各有关学科,可依总论复分表细分。例如:

《社会科学发展散论》入 C0;

《英国人文科学研究机构名录》入 C245.61;

《英汉人文社会科学词典》入 C61；

《社会科学方法论》入 C03；

《地理学方法》入 K90；

《法学大辞典》入 D90-61。

"C8 统计学"收录统计学理论、统计方法、世界各国统计工作与统计资料汇编的文献；专类统计学及专类统计资料汇编入有关各类。例如：

《现代统计学》入 C8；

《统计调查》入 C811；

《数据统计分析与 SPSS 应用》入 C819；

《简明教育统计学》入 G40-051；

《中国教育统计年鉴》入 G526.6-54。

"C91 社会学"容纳有关社会结构和社会关系、社会生活与社会问题、社会调查和社会分析等方面的文献；专论世界各国社会结构和社会关系、社会生活和社会问题的文献入 D5/7 各类；专论社会发展和变迁的文献入 K02；专科社会学入有关各类。例如：

《社会学》入 C91；

《理性谈判》入 C912.3；

《社会调查研究原理与方法》入 C915；

《美国社会发展趋势》入 D771.28。

"C92 人口学"集中了人口学理论与方法、人口统计学、人口地理分布、人口调查与研究及世界各国人口调查与研究等方面的文献。例如：

《适度人口与控制》入 C92；

《人满为患》入 C924.1；

《对人进行投资：人口质量经济学》入 C92-05。

"C93 管理学"收管理学理论、管理技术与方法、咨询学、领导学、决策学、管理计划与控制、管理组织学及应用管理学等方面的总论性文献；专论入有关学科。例如：

《论管理理论的困境与启示》入 C93；

《管理心理学》入 C93-05；

《管理运筹学》入 C931.1；

《现代咨询理论与实践》入 C932；

《掌握 99 种领导方法》入 C933.2。

"C95 民族学"收录论述民族起源与发展、民族社会形态和社会制度、民族性和民族心理等方面内容的文献。民族殖民地问题的文献入 D06；世界各国的民族概况、民族政策和民族问题研究的文献入 D5/7 有关类；各民族史志、民族地理的文献入 K1/7 有关类。例如：

《民族学理论与方法》入 C95；

《中华民族的人格》入 C955.2；

《涡流：20 世纪民族主义潮汐透视》入 D06；

《世界民族通览》入 K18；

《新时期民族工作的理论与实践》入 D633。

"C96 人才学"收总论人才理论、人才培养与选拔、人才预测、人才管理、人才智力开发、世界各国人才调查及其研究的文献。总论国家行政机构人事管理的文献入 D035.2；专论某一国家行政机构人事管理的文献入 D5/7 相关类；论述某一行业人事管理的文献按行业归入有关学科类。例如：

《人才资本》入 C96；

《人员测评与人事管理》入 C962；

《世界各国公务员制度比较》入 D035.2；

《当代中国的人事管理》入 D630。

"C97 劳动科学"只包括劳动科学基础理论和总论职业培训的文献。涉及劳动具体问题（如劳动经济学、劳动关系学、劳动管理学等）的文献均入有关各类。例如：

《劳动心理学》入 C970.4；

《现代培训实务》入 C975；

《劳动经济学》入 F240；

《劳动法规常识》入 T922.504。

四、政治类图书的分类标引

政治的研究内容涉及阶级、阶层、种族、民族、政党、社团、国家及社会政治生活等各个方面，法律是国家的具体规范，两者编列成一个类组，类目序列如下：

D0	政治理论
D1/3	共产主义运动、共产党
D4	工人、农民、青年、妇女运动与组织
D5/7	世界及各国政治
D8	外交、国际关系
D9	法律

1. 关于"民主"理论的分类

有关马克思主义民主和社会主义民主、民主与专政、民主制与集中制等内容的文献入 D046；属其他政治观点论述"民主"的文献入"D08 其他政治理论问题"；从法律角度论述民主与法制的文献入 D902。例如：

《新时期人民民主专政理论教程》入 D046；

《西方民主史》入 D082；

《人权与法制》入 D902。

2. 关于"政党"理论的分类

政党理论及其总论性文献入"D05 政党理论"；专论共产党的组织及活动的文献入 D1/3 各类；关于各国政党的文献入 D5/7 相关各类。例如：

《政党概论》入 D05；

《冷战后的世界共产党》入 D18；

《西欧共产党》入 D356。

3. 关于党和国家领导人著作的分类

各国共产党各历史时期领导人的著作文集及其研究的文献归入"D2-0 党的领导人著作"及"D33/37 各国共产党"下专类复分表中的"-0 党的领导人著作"类；国家领导人、政治活动家的著作文集入 D6/7 类"政论"。例如：

《刘少奇选集》入 D2-0；

《金日成著作集》入 D331.25-0；

《戴高乐言论集》入 D756.509。

4. D4 类收录范围

"D4 工人、农民、青年、妇女运动与组织"收工、农、青、妇运动理论，世界各国运动与组织概况等内容的图书。有关工人问题、农民问题研究的文献入本类；有关青少年问题、妇女问题研究的文献入 C913；工人、农民运动史方面的文献入 K1/7，青年学生运动史、妇女运动史方面的文献入 D43/44。例如：

《刘少奇工运思想研究》入 D4/0；

《新时期农民问题研究》入 D422；

《中国学生运动史》入 D432-9；

《中国工运大典：1840—1997》入 K261.3；

《青年怎样适应社会》入 C913.5。

5. 思想政治教育文献的分类

总论一国思想政治教育的文献入 D6/7 相关类；专论工人、农民、青年、妇女思想政治教育的文献入 D41/44；学校思想政治教育的文献入 G4/7 类；党员、共青团员思想教育的文献入 D2 有关各类；各行业思想政治教育的文献入有关各类。例如：

《思想政治教育心理学》入 D64；

《女工思想教育漫谈》入 D442.62；

《高校思想政治教育新论》入 G641；

《军队思想政治教育学原理》入 E221；

《新世纪中国共产党人的世界观、人生观、价值观》入 D261.42。

6. 关于"毒品"文献的分类

有关吸毒、禁毒、缉毒的文献根据论述的角度不同各入其类。总论或从社会病态角度分析研究社会吸毒现象的图书入 C913.8，专论各国毒品、吸毒等社会问题的文献入 D5/7 各类；有关毒品犯罪、禁毒法律的文献入 D91/97 类下"刑法"；总论国际缉毒活动的文献入 D815.5，各国缉毒活动的文献入 D5/7 类中的"公安工作"；总论毒品走私及查缉的文献入 F745，专论中国的入 AF752.57，专论各国的入各国对外贸易;从生活制度和个人卫生角度论述吸毒的危害、戒毒的文献入 R163;有关毒品毒理学的文献入 R996;论述吸毒病患治疗问题的文献入 R595.5。例如:

《毒祸论:毒品问题的社会透视》入 C913.8;

《中国拒绝毒品》入 D669.8;

《毒品犯罪的认定与案例分析》入 D924.364;

《毒品成瘾》入 R163;

《毒品的化学机制与检测》入 R996;

《海洛因依赖的临床表现与处理》入 R595.5。

7. 关于世界政治概况与地理概况的区分

侧重国家政治、经济概况及对国家政治形势,国家社会问题综合论述的文献入 D5/7 各国政治;侧重国家的山川、风土人情、政治、经济生活等全面情况介绍的文献入 K9 地理类。不易区分的入地理类。例如:

《美利坚浮沉》入 D771.20;

《生活在星条旗下的人们》K971.2。

8. 世界及各国政治文献的分类

"D5 世界政治"和"D73/77 各国政治"收录论述、研究第二次世界大战后世界政治格局等方面内容的文献。"D6 中国政治"收论述 1949 年以后的有关文献(包括台湾地区政治)。例如:

《中国冲突与世界秩序》入 D5;

《冷战时代的日本政治、经济与外交》入 D731.3。

9. 外交、国际关系文献的分类

总论外交、国际关系理论及国际关系的文献入 D80/81;凡属于某一国家与其他国家间关系的文献入"D82/87 各国外交"有关类目;属中外关系的文献入"D82 中国外交"中有关各类;除中国以外的其他两国关系的文献依侧重点归类,可在另一国家类下作互见。例如:

《民族主义与国际秩序》入 D80;

《日中建交谈判纪实》入 D822.331.3。

10. 法律文献的分类

D90 收录有关法的一般理论、法学史、法律思想史和世界法制史等方面的文献；D91 收录跨洲多国法律汇编、各种法的理论及多国一种法律汇编、犯罪学、刑事侦查学、鉴定学、法医学等有关文献；D92/97 收录各国法律和法制史，先按国分类，再按法律类型分类。例如：

《法学概论》入 D90；

《宪法的历史：比较宪法学新论》入 D911.01；

《犯罪学》入 D917；

《微生物法医学》入 D919.1；

《中国懂事诉讼程序制度研究》入 D925.118.04；

《日本新民事诉讼法》入 D931.351。

国际法是国际公法和国际私法的总称，是世界各国之间共同确立的法律准则，按国际内容归类，只有国籍法及所属移民法按国家区分。例如：

《国际法新论》入 D99；

《国际环境保护公约概述》入 D996.9；

《国际私法》入 D997；

《加拿大移民法》入 D998.371.1。

五、军事类图书的标引

军事科学是研究战争和战争指导规律的科学。军事是为政治目的服务的，故将其列在"D 政治、法律"大类后。其类目序列如下：

E0	军事理论
E1/7	世界各国军事
E8	战略学、战役学、战术学
E9	军事技术
E99	军事地形学、军事地理学

1. "E0 军事理论"类

"E0 军事理论"收一般军事理论、战争理论、军事相关科学、军事管理学、各军兵种建设理论及军事史、军事思想史等方面的图书。例如：

《军事理论教程》入 E0；

《军事应激心理学》入 E0-051；

《军制学教程》入 E071；

《当代中国军事思想史》入 D092.7。

2. 军事学史、军事史与战争史的分类

军事学史是关于军事理论和军事思想的发展史，入 E09；军事史是论述具体战争、战争经过的历史，入 E1/7 相应类目；战争史是对战争的历史论述，是从政治、经济、社会发展角度研究战争起因、经过及影响的史实著作，入 K1/7 相应类目。例如：

《当代外国军事思想史》入 R091；

《二战往事》入 K152；

《新四军战史》入 E297.3。

3. "E1/7 世界各国军事"类

包括各国军事政策、国防建设和军事制度、各种武装力量及军事史等。先按国家地区分，再按问题或方面归类。例如：

《世界新军事变革概论》入 E1；

《世界军事力量写真》入 E15；

《俄罗斯武器装备透视》入 E512.44。

4. "E8 战略学、战役学、战术学"类

"E8 战略学、战役学、战术学"只收其理论方面的文献；各国及各军兵种战略、战役、战术理论的文献入 EE1/7 各国军事；有关古代战略、战术方面的文献入 E89；"E83 战术学"采用了多重列类法，涉及多重分类标准的文献依重点分类，不易区分的采用"最后编号法"。例如：

《智谋细雨:新战争形态下的舆论战略》入 E81；

《城市防卫战役的作战原则》入 E82；

《轻装步兵夜间进攻战术》入 E835.1；

《美军登陆战役的组织》入 E712.53。

5. 关于武器和军用器材的分类

军事技术类中关于武器和军用器材的使用、操作、保养、维修及技能训练的文献入 E92,有关武器原理、设计、结构、材料、制造工艺、测试、销毁及兼论使用、维修的文献分别入 TJ、V、U 有关类;古兵器的考证和研究入 K85 相关类。例如:

《怎样爱护和保养武器》入 E92;

《2020 年的武器》入 E92;

《战术导弹总体设计原理》入 TJ761.1;

《中国古兵器论丛》入 K875.8。

E95/99 军事工程军事通信、军事地形学只收各种工程技术在军事上应用的文献,凡某种工程技术本身归入有关各类。例如:

《野战筑城》入 E951.1;

《外军地域通信网》入 E96;

《军事地形学》入 E991;

《地形图绘制》入 P284。

六、经济类图书的分类标引

经济学是研究人类社会各种经济关系和经济活动规律的科学。本类概括为四个方面:

F0	经济学
F1	世界各国经济
F2	经济计划与管理
F3/8	部门经济

1. 经济学理论文献的归类

经济学或政治经济学总论性文献入 F0;马克思主义政治经济学(总论)入 AF0-0;经济学的基本理论,基本问题、经济学分支科学、经济思想史等内容的文献入本类相关类目下。例如:

《经济学原理》入 F0;

《马克思主义政治经济学》入 F0-0;

《劳动价值理论新论》入 F014.2；

《发展经济学:超边际与边际分析》入 F061.3；

《百年寻梦:20 世纪中国经济思潮与社会变革》入 F092.7。

评论研究世界性经济学派及其代表人物的理论、思想的文献入 F091；评论研究某个国家各时代经济思想和经济学派的文献入 F092/097 各类。例如：

《西方激进政治经济学派述评》入 F091.3；

《英国古典派劳动价值论》入 F095.614；

《薛暮桥经济思想研究》入 F092.7。

"F1 世界各国经济概况、经济史、经济地理"收录从世界或地区和国家整体角度论述的经济学文献；部门经济概况、经济史、经济地理的文献入 F3/8 有关各类。例如：

《经济全球化与发展中国家》入 F112.1；

《旅游经济学》入 F590；

《美国农业政策》入 F371.20。

"F12 中国经济"收录 1949 年以来总论我国国民经济政策、经济建设的经济文献(包括台湾、香港)。民国及以前的文献入 F129；中国各部门经济的文献入 F2/8 有关各类。例如：

《中国当代经济政策及其理论》入 F120；

《战后台湾经济分析》入 F127.58；

《奠基:新中国经济五十年》入 F129.7；

《中国区域工业化研究》入 F424。

F3/8 部门经济的类目编列划分为三部分：部门经济理论、世界部门经济、各国部门经济。前两部分是总论性的，后一部分是专论性的。分类标引时应入相应类目。例如：

《新编工业经济学》入 F40；

《当代世界工业》入 F41；

《加拿大矿业融资》入 F471.161。

2. 有关城市问题的归类

论述市政经济,城市设施管理及世界各国城市经济概况的文献入"F29 城市与市政经济";专论"城市学""城市社会学""城市生态学""城市史学"等综合论述的文献入 C912.81;专论城镇规划的文献入 TU984。例如：

《城市经济学》入 F290；

《现代住宅经济》入 F293.3；

《论城市本质》入 C912.81；

《城市规划与城市化》入 TU984。

3. 关于市场经济与管理问题的归类

对于市场经济在经济大类中有多处归类,标引时应注意区分。市场经济的一般理论性文献入 F0 有关类;各种生产方式的市场经济理论文献入 F031/04 各类;世界及各国市场经济概况的文献入 F11/17 各国经济类;各部门经济市场问题的文献入 F3/8;总论商品市场的文献入 F7 有关各类。例如：

《市场经济学》入 F014.3；

《市场学原理》入 F713.50；

《社会主义市场经济论》入 F045.5；

《中国市场经济学概论》入 F123.9；

《国际资本市场：发展、前景和主要政策问题》入 F831.5。

4. 关于"国际工程"图书的归类

关于国际工程一般技术、方法和概况的文献入"F746.18 特种贸易",各国人各国"特种贸易";关于国际工程的金融问题入 F83 有关类;关于国际工程的税务问题入 F81 有关类;关于国际工程的保险问题入 F82 有关类;关于国际工程的法律问题入 D9 有关类。例如：

《国际工程投标策略》入 F746.18；

《国际承包工程中风险分析》入 AF746.18；

《我国国际承包工程资格的认定》入 F752.68；

《国际工程融资渠道》入 F830.55；

《国际工程税务知识》入 F810.424；

《国际工程法律手册》入 D996。

七、文化、科学、教育、体育类图书的归类

文化是人类在社会历史发展过程所创造和积累的物质财富与精神财富的总和。社会上层建筑、精神生活各方面；如哲学、文学、艺术、宗教信仰等，均属文化范畴，这是广义的文化。本类所指的文化仅限于文教事业这一范畴。类目序列如下：

G0　文化理论

G1　世界各国文化事业概况

G2　信息与知识传播

G3　科学、科学研究

G4　教育

G8　体育

1."G0 文化理论"类

"G0 文化理论"收录文化学、文化哲学、文化的民族性、比较文化学、文化相关学科、文化地理学等方面的理论图书。文化史作为专史本应属于本大类，但鉴于文化史又是一种社会现象，与人类社会发展史息息相关，故将文化史归入 K 历史大类。例如：

《走出文化的封闭圈》入 G0；

《民族文化资本化》入 G03；

《现代西方文化史概论》入 K103。

2.世界各国文化与文化事业图书的分类

G1 主要收世界各国文化与文化事业及兼论教育事业的图书。包括文化政策、专题研究、文化事业组织及研究、文化事业史等。例如：

《国家利益与文化政策》入 G11；

《全球化与文化间传播》入 G115-53。

世界及各国类下设置了"文化专题研究"类目，该类只收多专题文化的综合性研究的图书，各专题文化研究，如酒文化、茶文化、服装文化等均入有关各类。例如：

《全球化的文化》入 G112；

《茶文化漫谈》入 TS971；

《中国传统文化的遗传与变异》入 G122。

3. 文化产业、文化市场图书的分类

总论文化产品、文化市场、文化产业理论、政策与现状的图书入 G114；总论各国文化产业与市场的图书入"G12/17 各国文化事业"类；专论各文化领域的文化产业与文化市场的图书，分类法中列有关类或类目注释中明确包含文化产业与文化市场的图书均入各有关专类；未列专类的有关文化产业与市场的图书归入相关类目后再使用总论复分表的"-29"分类。例如：

《论文化产品的文化价值和市场交换价值》入 G114；

《我国文化生产与市场管理》入 G124；

《从艺术消费现状看戏剧市场》入 J891.4；

《油画艺术与油画市场》入 J233-29。

4. 图书馆学与情报学图书的分类

图书馆学与情报学的业务技术相近，兼论图书馆学与情报学的图书、业务技术上二者相通、兼容的图书(如：文献编目、分类法、主题法等)，统一归入 G25 图书馆学类下。例如：

《图书馆与情报科学纵横谈》入 G25，互见 G35；

《图书情报学中的数理统计方法》入 G250。

"G26 博物馆学、博物馆事业"只收文物、古物的陈列、整理、保管、维修等方面内容的图书；关于文物、古物的发掘、考古、研究等方面内容的图书入 K85 类；有关私人收藏方面的图书入 G 有关类。例如：

《文物保存环境概论》入 G264.2；

《法国博物馆》入 G269.565；

《文物考古调查勘探与发掘保护技术手册》入 K854-62；

《名砚珍藏》入 G894。

5. "G3 科学、科学研究"类

"G3 科学、科学研究"收录总论科学(包括哲学、社会科学、自然科学)和科学研究、组织管理、世界各国科学研究事业等方面的图书。总论社会科学或自然科学

研究的图书分制入 C、N 类;具体科学及其研究的图书入有关各类。例如:

《科学的价值》入 G301;

《发明创造的艺术》入 G305;

《社会科学研究方法要论》入 C;

《自然科学的哲学》入 N02;

《未来经济学》入 F201。

6. 教育图书的分类

教育学、教育一般理论和方法的图书入 G40/48 有关类;总论世界各国教育事业、教育概况的图书入 G51/57 有关各类;各级教育和各类教育的图书入 G61/79 有关各类。例如:

《教育的经济价值及其取向》入 G40-054;

《中学物理教学法》入 G633.72;

《课程设计》入 G423;

《世界 62 个国家教育概况》入 G51。

教学理论和方法的图书、教材、课本归类时,凡学前教育、初等教育、中等教育的入 G 大类相关类目,凡各类职业技术教育、高等教育的相关图书均入有关学科类目。例如:

《小学常规教学》入 G622;

《英语》(高中教材)入 G634.41;

《英语》(大学教材)入 H31。

7. 体育图书的分类

G8 体育类包括体育理论、世界各国体育事业、各项体育运动。分类时应注意对体育运动组织的图书、运动会和运动成绩图书的分类。三者分类的方法相同。以体育运动组织图书的分类为例,世界性或跨两个洲的多项体育运动组织入 G811.1;一洲内的地区性多项体育运动组织入 G811.13/.17;各国多项体育运动组织入 G812/817;单项体育运动组织的图书入 G82/89。例如,《国际羽毛球运动组织》入 G847.6。

G82/89 各项体育运动,集中了各项体育运动的理论、训练、规则、场地及器材、体育组织、运动会及成绩等方面的图书。用于各项体育运动细分的专类复分表中还有多层次的仿分，分类时应予注意。

八、语言、文字类图书的分类标引

语言、文字是人类交流的工具，是一种社会现象。主要分为五部分：

H0	语言学
H1/2	汉语和中国少数民族语言
H3	各语系和地区性语言
H9	国际辅助语

关于构成语言各种因素的分类，在各种语言的类目中统一按语言、文字、语义、语法、写作、修辞、翻译、词典、方言、语文教学等次序编列。

凡总论语言学、语言学派、语言分类、语言分布和语言诸因素、应用语言学、语言教学理论等内容的图书均入"H0 语言学"各有关类目。例如：

《语言学纲要》入 H0；

《规范语言学探索》入 H002；

《语言地理》入 H004；

《普通语音学纲要》入 H01；

《现代修辞学》入 H05。

总论口才学及论述说话艺术、演说术、辩论术、朗诵方法等方面的图书入 H019；各种语言的朗诵法、演讲术依其语种分类；各专门行业的语言技巧、语言运用等方面的图书入有关学科类。如总论谈判学入 C912.3，外交谈判入 D802.5，国际贸易谈判入 F740.41，新闻采访语言技巧入 G212.1，广播语言入 G222.2，演员的语言表演技巧入 J。例如：

《口才学》入 H019；

《汉语口语学》入 H119；

《主持人语言表达技巧》入 G222.2；

《戏的念词与诗朗诵》入 J812.3。

总论文章学和研究语言修辞的综合性图书入"H05 写作学与修辞学"；专论某语言写作修辞的图书入该语言；具体论述某一种文体写作修辞的图书入有关各类，

如总论文学写作方法入 I04，新闻写作入 G212.2，传记写作入 K810.1，司法文书写作入 D916.1，行政文书写作入 C931.46。例如：

《修辞学》入 H05；

《英语修辞学概论》入 H315；

《司法文书教程》入 D916.1；

《文学写作学》入 I04。

关于字典、辞典的分类。供学习语言、文字使用的字典、词典入 H 有关各类，其中三种及三种以上语言对照的字典、词典入 H061；一种语言的字典、词典入该语言类；汉语和外语对照的字典、词典入有关外语；两种外语对照的字典、词典入前一种语言类；专门学科的名词词典入有关学科类；综合性的词典入 I 类相关类。

以学习某种语言、提高阅读能力为目的的读物入各语言的读物类；两种语言对照的科学专著入有关学科。

九、文学类图书的标引

文学是一种社会意识形态，是通过语言塑造形象来反映人类社会生活的一门语言艺术，它包括文学理论和世界各国文学两大部分。

文学一般理论、创作方法及兼论艺术理论的图书入 I0；专论某一国家文学理论的图书入 I2/7 各国文学类。例如：

《文学概论》入 I0；

《社会主义文艺学》入 I0；

《比较文学原理新编》入 I0-03；

《文学批评学》入 I06；

《英国文学论述文集》入 I561.06；

《英诗概论》入 I561.072。

文学作品依著者的国籍和写作时代分类。作家国籍发生变更的以改变后的国籍为分类依据，无法查考的可参考作品内容归入相应国家的文学类目；跨时代的作品或作品集依写作完成的时代或后一时代分类。

文学作品的缩写本、改写本、书本等，如保持原作文体且改动较小的随原作品归类；如从一种文体改为另一种文体，或虽文体未变，但改写的幅度较大，属于再创

作的作品;应作为新作品进行分类。例如:

《水浒传》(儿童读本,施耐庵著,湖海改写)入 I827.453;

《阿Q正传》(五幕剧)入 I234。

儿童文学作品的分类。以文为主并配以图画的故事作品入 I287.8;以绘画艺术技法为主并配少量文字的故事画、连环画入 J228.4。例如:

《刺猬的故事》入 I287.8;

《三国演义》(连环画)入 J228.4。

十、艺术类图书的分类标引

艺术是通过塑造形象具体地反映社会生活、表达作者思想情感的一种社会意识形态。艺术类的分类方法主要是依据艺术的形式划分的。艺术理论类的入 J0;世界各国艺术概论入 J1;造型艺术(包括:绘画、书法、篆刻、雕塑、摄影艺术、工艺美术和建筑艺术)入 J2/59;表演艺术(包括:音乐、舞蹈)入 J6/7;综合艺术(包括、戏剧艺术、电影、电视艺术)入 J8/9;涉及多种艺术理论的综合性图书及总论造型艺术理论的图书入 J0 有关各类;专论某种艺术理论的图书入 J2/9 有关各类。例如:

《艺术之维》入 J0;

《艺术哲学初步》入 J0-02;

《形态构成学》入 J06;

《音乐学概论》入 J60。

艺术评论和欣赏的理论与方法方面的图书和世界各国或某一国多种艺术作品的综合评论或兼评艺术家的图书归入 J05;某一种艺术作品的评论和哲学的图书入该艺术类下相关类目。例如:

《艺术鉴赏》入 J05;

《名画鉴赏》入 J205.1;

《永远的前卫:中国现代艺术的反思与批判》入 J052;

《油画艺术欣赏》入 J213。

绘画理论与技法的图书入 J21;专论各种绘画理论和技法的图书入 J212 或 J217 各类;专论各种用途绘画理论和技法的图书入 J218.1 或 J218.9;各种绘画作

品入 J22 或 J23 各类。例如：

《青少年绘画五十讲》入 J21；

《中国画技法与鉴赏》入 J212；

《新漫画创作技法》入 218.2；

《潘天寿画选》入 J222.7；

《英国抽象派油画选》入 J233（561）。

中国书法理论和技法入 J292.1 各类，J292.22 或 J292.28 收录按时代编辑的一人和多人、一体和多体的书法作品；J292.31 或 J292.35 收录按字体汇编的各时代（专指 J292.22 至 J292.28 所跨越的时代）的书法作品集。例如：

《中国书法》入 J292.11；

《明清书法选》入 J292.26；

《文徵明手迹十八种》入 J292.26；

《文徵明行书字帖》入 J292.26；

《历代隶书大典》入 J292.32。

"J4 摄影艺术"包括摄影艺术理论、各种摄影艺术和摄影艺术作品；论述摄影学、摄影原理、拍摄技术及摄影设备的图书入"TB8 摄影技术"类。例如：

《摄影艺术论》入 J40；

《现代摄影构图》入 J406；

《西行 25°》（摄影集）入 J421；

《实用摄影 800 问》入 TB8；

《照相机性能与使用》入 TB852.1。

"J5 工艺美术"只收录工艺美术理论、评论欣赏、美术设计和工艺美术图集作品的图书；工艺美术品的生产、销售的图书分别入 TQ、TS、F 等有关类。例如：

《新中国的工艺美术》入 J52；

《广告视觉设计基础》入 J524.3；

《苏绣传统图集》入 J523.6；

《苏州刺绣》（刺绣制品图集）入 TS935.11。

有关音乐创作、音乐评论、音乐研究、音乐史一般性论述的图书入"J60 音乐理论"；有关音乐技术的理论和作曲、指挥等理论与方法的图书入"J61 音乐技术理论与方法";有关某种音乐研究的图书入 J62/65 类。例如：

《音乐学概论》入 J60；

《音乐心理》入 J60-65；

《二十世纪作曲技法分析》入 J614；

《指挥法》入 J615；

《中国歌剧选曲集》入 J642.42；

《世界钢琴名曲大全名曲集》入 J657.41。

戏剧艺术与文学、电影艺术与文学的总论性图书入 J8/9 有关各类；戏剧、电影文学剧本及评论文学剧本的图书均入 I 类相关类。例如：

《电影文艺学》入 J90；

《黄建新作品集》(电影台本) 入 AJ922；

《梦圆旧金山》(电影剧本) 入 1235.1。

十一、历史、地理类图书的分类标引

本类包括历史、地理两门学科。历史只收人类社会发展史和有关历史的辅助学科(人物传记、文物考古、风俗习惯)等方面图书；地理只收普通地理学、历史地理学、人文地理学等方面的图书。

"K0 史学理论"主要收史学的哲学基础、社会发展理论、史学专题论述、年代学、史料学、历史研究法、史学史等方面的图书。世界各国历史研究评论的图书入 K1/7 各类。例如：

《史学理论》入 K0；

《关于历史评价问题》入 K03；

《中国古代史料学》入 K220.6。

世界各国史类均按通史、各代史、民族史和地方史四部分列类。类目表对于各国的各代史编列详简不一，凡未详列子目和各国史均可依 K3/7 类下的专类复分表分类。中国各代史的图书均可仿"K20 通史"分，仿分时须在仿分号前加"0"。例如：

《中国通史》入 K20；

《简明中国古代史》入 K22；

《明史考证》入 K248.07；

《中国民族史》入 K28；

《中国地方志》入 K29。

总论世界各民族或从世界范围论述某一民族的史志类图书入 K18；专论某一地区或国家民族团结的史志类图书入该地区或国家民族史志类；"K28 中国民族史志"采用了四种列类标准，应注意区分它们各自的内容范围。例如：

《犹太民族复兴之路》入 K18；

《美国印第安人》入 K712.8；

《清代民族图志》入 K280.049；

《广西少数民族概要》入 K280.67；

《最后的汉族》入 K281.1；

《瓦剌史》入 K289。

传记是以人物为研究对象的历史图书，包括人物的生平、回忆录、日记、书信、年谱、肖像、纪念文集及时人物的评论等。分类时首先依被传人的国籍区分，再依人物类型和时代区分。K810 收传记写作方法和谱系姓氏研究的图书；K811 收跨两洲的人物总传；属一洲或地区人物的总传入 K833/837 各类；世界各科人物总传入 K815 再仿 K825/828 分类；中国各科人物传记入 K825.1/826.3，可依中国时代表进行复分，用"="标识；世界各国人物传记入 K833/837，依世界地区表分类，再仿 K82 分类；各科人物可依国际时代表细分，用"="标识。例如：

《姓名学》入 K810.2；

《与名人有允》入 K811；

《东欧文学名家》入 K835.105.6；

《国际政坛女杰》入 K817；

《中国近现代名人图鉴》入 K820.5；

《十元帅风云录》入 K825.2=7；

《我的父亲老舍》入 K825.6=7；

《联合国里的中国人》入 K827=7；

《原子舞者：费米传》入 K837.126.11=532；

《丘吉尔》入 K835.617=533。

文物、考古主要收录文物、古物的发掘、考证和研究方面的图书,文物的陈列、修复、保管等方面的图书入 G26 博物馆学。例如:

《当代考古学》入 K85;

《文物的辨伪与收藏》入 G854.2;

《文房四宝》入 Q875.44;

《法门寺发掘纪实》入 K878.65;

《文物修复与养护》入 G2613。

"K89 风俗习惯"主要收录民俗学和世界各国民间风俗习惯方面的图书,关于有特殊意义的纪念日和有政治意义的节日的图书入 D 政治有关类,如"五一国际劳动"入 D411.1,"中国五四青年节"入 D432.1 等,例如:

《中外 365 天纪念日》入 K891.1;

《世界民俗衣装:探寻人类着装方法的智慧》入 G891.23;

《中国传统节日文化》入 K892.1;

《中国服饰史》入 K892.23。

"K9 地理"主要收录普通地理学、人文地理学及世界地理、各国地理的综合性图书。专科地理图书入有关各类;总论自然地理的图书入 P9 自然地理学,专论各部门自然地理的图书入有关各类。例如:

《地理学基础》入 K90;

《新人文地理学》入 K901;

《世界地理图说》入 K91;

《中国历史人文地理》入 K92;

《中国名山观赏》入 K928.3;

《经济地理学》入 H19.9;

《自然地理学》入 P9;

《医学地理学概论》入 R188。

十二、自然科学总论类图书的标引

N 类包括两部分内容:N0/[7]容纳总论自然科学的共性区分问题的图书,与总论复分表的类目序列一致。N8/[96]收录有关自然界的综合研究和综合性科学方面的图书。

凡属自然科学总论性图书均入本类,凡属自然科学中某一专门学科的专论图书均入有关各类。例如:

《现代自然科学概论》入 N0;

《自然辩证法概论》入 N031;

《分析科学与分析技术》入 N34;

《生物学》入 Q。

"N8 自然科学调查"和"N91 自然研究、自然历史"均只收对自然界进行综合性调查和研究的图书。专门学科的调查、考察和研究的图书入有关各类。例如:

《青海湖综合考察报告》入 N82;

《陕西经济鸟兽资源及评价》入 S862.241。

"N94 系统科学"收录系统科学的专门图书,总论系统论、控制论和信息论的图书,三论图书汇编。专论控制论的图书入 Q231,专论信息论的图书入 G201,专论三论在有关学科或技术领域中具体应用的图书入有关学科或专业。例如:

《系统工程学》入 N94;

《灰色控制系统》入 N941.5;

《系统论、控制论、信息论概要》入 N94;

《工程控制论》入 TB114.2;

《生物控制论》入 Q811.3;

《现代控制引论》入 Q231。

十三、数理科学和化学类图书的标引

O 类是一个包括数学、力学、物理学、化学、晶体学的类组,是研究自然界物质运动最普遍、最基本规律的科学,是基础科学。本类组的各门学科均依从简单到复杂、从低级到高级、从一般到具体、从理论到应用的原则列类。该类所属各学科类目主要收该学科理论和实验研究的图书。具体生产技术、设备使用技术归入应用科学有关各类。图书内容涉及科学理论与应用关系时,将其归入应用到的学科类目。

1. 数学图书的分类

"O11 古典数学"收录世界各国古典数学图书和数学史的图书;"O12 初等数学"只收录相当中等教育水平的有关图书;"O13 高等数学"只收录总论性图书,凡属数学各分支学科一律入有关各类。例如:

《第三次数学危机》入 O11;

《世界数学通史》入 O11;

《初等数学八讲》入 O12;

《高等数学》入 O13;

《矩阵分析》入 O151.21。

2. 力学图书的分类

"O31 理论力学"只收录一般力学理论的图书。总论固体力学、流体力学、塑性力学的图书入"O33 连续介质力学",专论入 O34/35 各类,空气动力学总论入 V211。例如:

《理论力学》入 O31;

《变形连续介质中的电磁力》入 O33;

《计算结构力学》入 O342;

《微重力流体力学》入 O35;

《高等空气动力学》入 V211。

3. 物理学图书的分类

研究宏观现象的物理学综合性图书入"O4 物理学";研究微观粒子物理现象的综合性图书入"O41 理论物理学";专门研究声、光、电、磁、半导体及等离子体物理学各分支学科的图书分别入有关各类;专门研究分子物理、原子物理、原子核物理的图书入 O56/57 有关各类。例如:

《大学物理》入 O4;

《朦胧的量子世界》入 O413-49;

《高等光学》入 O43;

《电磁场与电磁波》入 O441.4;

《中子——打开原子能时代的金钥匙》入 O571.5。

4. 化学图书的分类

有关化学理论方面的图书入 O6 类,包括化学元素、化合物的性质、化学反应原理等方面的内容;有关化学元素、化合物的化工过程、生产工艺、化学产品的图书入 TQ 有关各类。例如:

《普通化学》入 O6;

《元素化学》入 O611;

《元素有机化合及其聚合物》入 O627;

《无机精细化学品》入 TQ110.7。

5. 晶体学图书的分类

凡从宏观角度研究晶体的生成、外形、性质、结构以及检验等方面问题总论或专论的图书均入"O7 晶体学"有关各类;凡专门研究某一物质晶体学各方面问题的图书,均入该物质所属学科有关各类;凡研究生产人造晶体的图书入"TQ/64 人造宝石、合成宝石的生产"。例如:

《晶体学原理》入 O7;

《晶体和分子中的对称性及其破缺》入 O711;

《晶体生长形态学》入 O781;

《人工水晶》入 TQ164.3;

《金属凝固过程中的晶体生长与控制》入 TQ111.4。

十四、天文学、地球科学类图书的标引

P 类是以研究天体物质及运动和大地物质及运动为对象的学科类组。包括天文学、测绘学、地球物理学、大气科学、地质学、海洋学和自然地理学。

1. 天文学图书的分类

"P1 天文学"是研究天体的位置、分布、运动、形态、结构、化学组成。物理状态及其演化等方面的科学。"P12 天体测量学"是对天体位置、自行和基本常数进行测量的天文学分支科学,天体测量在各方面应用的图书入有关各类。例如:

《日食和月食》入 P125.1;

《船舶天体定位》入 U675.6。

有关宇宙问题的研究既是天文学的研究课题,又是自然哲学的研究课题。"P159 宇宙学"只收从天文学角度研究宇宙起源、演化的图书,其他角度研究宇宙的分别归类。例如:

《宇宙演化》入 P159;

《宇宙体系论》入 P159;

《现代宇宙学的哲学问题》入 P016.8。

把地球当作一个天体进行研究的图书入 P183 各类;研究地球本身物理性质、化学成分、地质、地貌、水文、气象、矿物等方面的图书分别入 P2/9 有关类目。例如:

《人类的家乡——地球》入 P183-49;

《地球物理学》入 P3;

《地质科学探索》入 P5-53。

2. 测绘学图书的分类

"P2 测绘学"是研究大地测量和地图绘制的科学。普通测量和大地测量的技术、方法的图书入 P22/23 各类;专业测量技术入各有关学科;测量仪器的制造入 TH761。例如:

《大地测量学基础》入 P22;

《水利工程测量》入 TV221.1;

《威尔特型光学经纬仪的检修》入 THM1.1。

"P28 地图学"只收录有关地图编制理论和方法的图书;具体地图入有关各类。例如:

《地图学原理》入 P28;

《中国分省地图集》入 K992.2;

《长江三峡生态与环境地图集》入 P982.71;

《中国分省公路地图集》入 F512.99。

3. 地球物理学图书的分类

"P3 地球物理学"是研究地球及其岩石界、水界和大气圈与高层空间物理现象的科学。

研究地球物理现象的图书入 P31 各类；注意"P313 大地构造物理学"与"P54 构造地质学"和"P55 地质力学"之间的区别。例如：

《固体地球物理学概论》入 P31；

《重力学》入 P312；

《构造地质学》入 P54；

《新概念地质力学》入 P55；

《板块构造概论》入 P542；

《板块内部动力学》入 P551。

"P33 水文科学"收录水文调查、观测、水文预报等图书以及有关水、河流、湖泊、沼泽、河口、冰川研究的综合性图书；专论水的化学分析的图书入 O661.1；专论水文地质学的图书入 P641 各类；专论农业水文学的图书入 S271；专论工程水文学和水力学的图书入 TV12/13。例如：

《水文学概论》入 P33；

《现代洪水预报技术》入 P338；

《裂隙介质水动力学》入 P641.2；

《农业水文学》入 S271；

《工程水文学》入 TV12。

4. 大气科学图书的分类

"P4 大气科学"是以地球大气圈的物理现象为研究对象的，属地球物理学的分支。气象学总论入此；专门气象学入有关各学科，如农业气象学入 S16，森林气象学入 S716，畜牧气象学入 S811.1，水产气象学入 S915，航海气象学入 U675.12，环境气象学入 X16 等。例如：

《大气化学基础》入 P402；

《沙尘暴》入 P425.5；

《天气学》入 P44；

《气候系统变化与人类活动》入 P461。

各种大气物理现象（辐射、风、云、雨、雷等）的图书入"P42 气象基本要素、大气现象"；但有关台风、龙卷风、雷暴方面的图书入 P44 各类。例如：

《雾的数值模拟研究》入 P426.4；

《季风》入 P425.4；

《台风》入 P444。

5. 地质学图书的分类

"P535 区域地层学""P536 地层与成矿""P539 各类地层学"均是总论性类目，凡涉及某一时代地层的图书入 P534 各类。例如：

《中国地层典》入 P535.2；

《中国中东部晚前寒武纪地层与地质演化》入 P534.1；

《中国寒武纪和奥陶纪岩相古地理》入 P534.4。

"P57 矿物学"与"P61 矿床学"划类标准不同。前者依矿物的元素及其化合物划分；后者按具体矿物划分。例如：

《纤维水镁石(FB)应用矿物学研究》入 P578.4；

《构造与金成矿规律》入 P618.510.1。

总论地质、矿产普查、勘探的图书入 P62 有关类；专论某一类或某一种矿产的地质普查、勘探的图书入 P618/619 各类。例如：

《国外矿产勘查实例分析及政策研究》入 P62；

《石油勘探构造分析》入 P618.130.2。

6. 海洋学图书的分类

"P7 海洋学"是一门对海洋进行综合研究的科学。有关海洋调查与观测的图书集中入 P71 各类；"P72 区域海洋学"收录总论性图书；有关海洋水文学、海洋气象学、海洋物理学、海洋地质学等海洋基础科学的图书入 P73。例如：

《海洋测量定位与计算》入 P714；

《中国海洋地理》入 P72；

《中国的海洋化学》入 P734。

7. 自然地理学图书的分类

"P9 自然地理学"是地理学的分支科学。"P931 地貌学"只收录总论性图书；有关世界各国各种地貌研究的图书入 P94 各类。例如：

《普通地貌学》入 P931；

《中国沙漠与沙漠化》入 P942.073。

"P941 世界自然地理学"按地带和地形两种标准分类,涉及多重分类标准的图书,归入最后编列的类目。例如:

《极地地理学》入 P941.6;

《北温带河流分布的特征》入 P941.77。

"P98 自然地理图"只收录一般的自然地理图册;专类地理图入有关各类。例如:

《中华人民共和国国家自然地图集》入 P982;

《江苏省水利地图集》入 TV632.53-64。

十五、生物科学类图书的分类标引

生物科学是研究微生物、植物、动物的生命物质结构、功能和发生、发展规律,生物之间以及生物与环境之间相互关系的科学。生物科学分四部分,即:Q1/[89]研究各类生物的普通生物学和专门生物学;Q91 古生物学,以古代生物为研究对象;Q93/96 以具体生物为研究对象的生物学分支学科,有微生物学、植物学、动物学和昆虫学;Q98 人类学,以人类的起源和发展为研究对象。

1. Q1/[89]图书的分类

凡总论生物的生命起源、演化与发展,以及形态学、生态学、生物地理分布和生物分类学等的图书入 Q1 各类;专论某一类或某一种具体生物上述问题的图书入 Q93/96 有关类目。例如:

《现代生态学》入 Q14;

《昆虫形态图解》入 Q964-64。

"Q/89 神经科学"为此增类目,是集神经解剖学、神经生理学、神经化学、神经病理学、神经行为学及数学、信息科学与计算机科学为一体的新兴学科。本类只收录总论性图书;专论某一类或某一种生物的神经科学图书入 Q93/96 和 R 有关类;专论神经解剖学、神经生理学的图书入 Q42。

"Q3 遗传学"主要收录研究生物性状的遗传和变异、细胞质遗传、染色体遗传、群体与进化遗传等方面的图书。从分子水平研究遗传信息的传递、基因的结构和

突变的图书入"Q75 分子遗传学",医学遗传学入 R394。例如:

《普通遗传学》入 Q3;

《遗传与变异》入 Q31;

《染色体遗传学》入 Q343;

《分子遗传学与基因工程》入 Q75;

《医学遗传学》入 R394。

"Q4 生理学"收录普通生理学和总论高等动物生理学的图书。有关微生物、植物、动物、昆虫生理学的图书分别入 Q93/Q96 相关类;人体生理学的图书 AR33;家畜生理学的图书入 S852.21。例如:

《动物生理学》入 Q4;

《植物生理学实验手册》入 Q944-33;

《爬行动物生理学》入 Q959.605;

《昆虫生理学》入 Q965;

《人体生理学》入 R33;

《家畜生理学》入 S852.21。

"Q5 生物化学"和"Q6 生物物理学"收录普通生物学总论性图书及总论动物及人体的有关图书;微生物、植物和昆虫有关这方面的图书分别入 Q93 和 Q94 和 Q96 各类。例如:

《现代生物化学》入 Q5;

《植物生物化学》入 Q946;

《生物物理学》入 Q8;

《中国主要植物热给》入 Q947.5。

2. "Q91 古生物学"类

"Q91 古生物学"将古生物及古微生物、古植物、古动物分别按地层的历史阶段分布和按地区分布列类,凡图书内容同时涉及地层分布和地区分布的,均归入各地层分布。

Q93/96 是以具体生物为研究对象的生物学分支学科,类目编列的结构是相同的,首先编列生物演化、细胞、形态、生理、生态等方面问题的总论性类目,再编列

"××分类学"的专论性类目。例如：

《昆虫学》入 Q96；

《昆虫遗传学》入 Q963；

《中国珍稀昆虫图鉴》入 Q968.2；

《昆虫分类学》入 Q969。

3."Q98 人类学"类

"Q98 人类学"收录人类学总论性图书，专论性图书各入其类。研究人体的发生、解剖、组织、生理、病理等的图书入 R 有关类；社会人类学入 C 类；法医术人类学入 D 类；民族的起源、分布等的图书入民族学。例如：

《实用人类学》入 Q98；

《人类的起源》入 Q981.1；

《人类 DNA 遗传标记》入 Q987；

《医学遗传学》入 R394；

《法医人类学》入 0919.6。

十六、医药、卫生类图书的分类标引

R 类包括预防医学和卫生学、医学、药学三部分。

总论环境医学、气候、水、土壤等环境卫生及居住、旅游、交通卫生等方面的图书入 R12，专论环境污染对人体的危害及其防治的图书入 X5 有关各类。例如：

《环境高温与热损伤》入 R122.2；

《饮用水健康与饮用水处理技术问答》入 R123；

《空气污染对呼吸健康影响研究》入 X510.31。

有关性医学、性卫生、性心理等性知识的图书入 R167 性卫生，其他性科学方面的图书分别入各类，性社会学入 C913.14，各国性社会问题入 D5/7 各国政治；性道德入 B823.4；性生理入 R339.2；性病学入 R759 等。例如：

《性健康知识》入 R167；

《性生活 300 忌》入 R167；

《我们的性》入 C913.14；

《性生理学》入 R339.2；

《"性"灾乐祸：美国社会性现象透视》入 D771.281；

《生命与教化：现代性道德转化问题审理》入 B823.4；

《性病防治 ABC》入 IU59。

"R2 中国医学"集中了中医、中药各个方面的图书。总论中西医结合的理论图书入 R2-031，专论入中医各科；中医治疗疾病的图书入 R24/278 各类；中西医结合治疗各种疾病的图书入 R4/78；现代医学疾病的中医理论和治疗的图书入中医各科类目中"现代医学××科疾病"，再进行仿分。例如：

《简明实用中医学》入 R2；

《传染病中西医诊疗学》入 R51；

《现代中医内分泌病学》入 R259.8；

《常用中草药识别与应用》入 R282.5；

《中西医结合临床研究思路与方法学》入 R2-031。

综合性的医案、医话及医案汇编入 R249；专科医案、医话和医案记编入"R25/278 中医临床各科"。例如：

《宋元明清名医类案》入 R249.1；

《历代儿科医案集成》入 R271.44。

总论疾病的诊断、治疗、护理、康复的图书入"R4 临床医学"，专论某种疾病的诊断、治疗、康复的图书入 R5/78 各类。例如：

《临床医学工程技术》入 R4；

《现代诊断学》入 R44；

《现代内科疾病诊断与治疗》入 R5。

R5/78 临床各科医学图书，先分入有关的疾病，再依临床医学专类复分表分类。由于各科疾病分类的标准不同，有的按病变部位分类，有的按治疗手段分类，这样就会出现各科疾病的交叉现象。因此，分类时要辨析类目的含义及认真阅读说明类目之间关系的注释。例如：

《肺结核病人须知》入 R521；

《肺结核 X 线诊断》入 R816.11；

《儿童肺结核护理》入 R473.5。

"R9 药学"类主要收药物的分析、制剂、药品的药物分析、药理和医疗上的应用等方面的图书。各种药品的临床应用入有关各类,有关生药材的图书入"R28 中药学",药用植物种植入 S567,药用动物饲养入 S865.4,药品生产的图书入 TQ46。例如:

《现代药物学》入 R9;

《80 种常用中草药栽培》入 S567;

《鱼类中药材动物养殖技术》入 S865.4;

《制药工程导论》入 TQ46。

十七、农业科学类图书的分类标引

农业科学是研究农业生产理论与实践的科学。按其类目性质分为两大部分。

S1/4 农业科学的总论部分,序列农业科学共性问题,包括:农业基础科学、农业工程、农学(农艺学)、植物保护。

S5/9 农业科学的专论部分,按生产对象序列类目,包括:农作物、园艺、林业、畜牧、水产。

宏观论述农业生产技术的总论性图书入"S 农业科学"及"S-0 一般性理论"等类目,总论农、林、牧、副、渔各业一般理论的图书入本类有关各类。例如:

《高效的现代农业》入 AS;

《农业生态工程基础》入 S-0;

《立体林业浅谈》入 S7。

凡本类列出的各种农作物、园艺作物、树种、家禽、家畜、蚕、蜂等动植物的生物学图书,均随该动植物入本类的有关类目,鱼类等水产生物的生物学图书入"Q 生物学"有关类目。例如:

《甜菜生理学》入 S566.301;

《家兔营养生理学》入 S829.11;

《鱼类的演化和分类》入 Q959.401。

总论农业生产各领域基础科学、农业工程、农艺学、植物保护的图书入 S1/4 各类;有关大田农作物、园艺作物各方面的图书(病虫害及其防治方面的除外)均入 S5/6 有关类目。例如:

《农业化学》入 S13；

《作物学》入 S3；

《热带作物植物保护》入 S4；

《园艺概论》入 S6。

森林科学与技术的总论性著作入 S71/78 有关类,专论某种树的理论与营造技术等方面的著作入 S79 有关类目。例如:

《杉木栽培学》入 S791。

论述化学肥料与农药的知识和使用的著作入 S143 和 S48;专论化学肥料与农药制造的著作入"TQ44 化学肥料工业"和"TQ45 农药工业"。例如:

《如何用好植物生长调节剂》入 S143.8；

《新农药使用手册》入 S48；

《肥料制造与加工》入 TQ44；

《新农药研究与开发》入 TQ45。

有关大地园林化、城乡绿化及各国绿化建设的图书入 S73 各类,有关绿化建设规划、园林规划的图书入 TU985/986 有关类目。例如:

《城市生态绿化工程技术》入 S732.2；

《城市绿地系统与人居环境设计》入 TU985.2。

十八、工业技术类图书的标引

工业技术是将自然科学基本原理具体应用到工业生产形成的各种科学技术和生产技术。《中图法》的"T 工业技术"大类展开的 16 个二级类"U 交通运输""V 航空、航天""X 环境科学、安全科学"都属于这一范畴。

1. 各种技术领域中的总论与专论图书的分类

工业技术的类目分为总论和专论两大部分,总论部分编列的共性问题类目,按统一分类系统编列;专论部分按产品类型(材料、器件设备、工程、交通工具等)分类。分类时,有关某种产品总论性图书入该产品、有关某种产品的某种方面图书,先归入该产品,再仿"一般性问题"或专类复分表分。例如:

《最新家用电器使用与维修 999》入 TM925.07；

《空调器使用与维护》入 TM925.120.7。

2. 产品制造与使用图书的分类

某种产品的制造与使用在类目中有的集中编列,有的分开编列,分类时应根据分类法编列类目的具体情形而定。产品的制造与使用是分开编列的应各入其类。如武器的制造入 TJ 类,武器使用入 E 类;有些产品的理论、制造、使用是集中编列的,其总论与专论均归为一类,如矿山机械入 TD4。

3. 理论、技术应用图书的分类

总论某种理论、技术应用的图书入该理论、技术本身的类目;论述一种理论、技术在某领域应用的图书入被应用到的领域相关类目中。例如:

《计算机应用基础》入 TP39;

《计算机在土木工程中的应用》入 TU17。

4. 工业技术与相关经济图书的分类。

在工业生产过程中,涉及生产对象、生产技术、生产工具等因素的图书属工业技术范畴;涉及生产组织、生产管理和生产的经济效果等因素的图书属经济范畴。分类时应注意区分。例如:

《钢铁工业设备技术》入 TF31;

《中国钢铁工业结构研究》入 F426.31。

十九、综合性图书类图书的分类标引

综合性内容的图书依其编辑者的国家分类,如遇个别图书的简编本、续编本的编辑者属不同国家时,随原书归类。例如:

《国学丛编》入 Z126;

《古今图书集成》入 Z225;

《简明不列颠百科全书》(中国大百科全书出版社编辑)入 Z256.1。

"Z3 辞典"收录综合性科学文化知识辞典、名词术语等。例如:

《世界知识大辞典》入 Z32。

"Z4 论文集、全集、选集、杂著"除了收录哲学、社会科学和自然科学的综合性图书外,也收录属人文科学范畴的中国古籍文集、杂著。例如:

《张之洞全集》入 Z424.8；

《仿洪小品》入 Z429.8。

国家或地方的出版总目录,各图书馆所编辑的综合性藏书目录,各种类型的目录入 Z81/87 各类;专科或专题目录、文摘、索引入 Z88/89 有关类,并采用冒号组配编号;专书目录索引随原书归类(分类法另有规定的除外)。例如：

《中国国家书目》入 Z81Z11；

《全国中医图书联合目录》入 Z88：R2；

《〈史论〉人名索引》入 K204.1-7。

第四章 文献主题标引工作

随着科学技术的发展,图书数量急剧增长,人们对文献需求的专指度越来越高,单凭线性的体系分类组织法,不能全面体现各学科之间的联系。因此,图书馆必须对文献内容进行主题标引,使文献用户能够从主题角度在大量的文献中全面、准确、迅速地查到特定的文献。主题标引是依据一定的主题词表和主题标引规则,赋予文献语词标识的过程,是建立主题检索途径的必要环节。文献主题标引是一个智力性很强的工作,为保证主题标引的准确性和科学性,除了需要有一部标准的主题词表,还要遵循一定的标引方法和标引程序。本章将阐述文献主题标引的依据、方法和规则。

第一节 文献主题标引概述

在我国,主要的大型公共图书馆、高等学校图书馆及情报机构的文献加工和数据库建设,主要采用《汉语主题词表》作为主题标引和检索的规范词表。

一、《汉语主题词表》的构成

《汉语主题词表》是在中国科技信息研究所(原中国科技情报所)和中国国家图书馆(原北京图书馆)主持下,根据现代文献标引和检索的需要编制的一部大型综合性叙词表,是国家"748"工程(汉字信息处理系统工程)的配套项目,其目的是为在文献检索系统中处理中文文献提供一个综合性的工具,该表历时 5 年,参加编审的各学科专家 1 300 余人,于 1980 年 3 月正式出版《汉族主题词表》(试用本)(以下简称《汉表》)。全书由主表、附表、范畴索引、词族索引、英汉对照索引组成,共分 3 卷 10 册,第一卷:社会科学部分,2 个分册;第二卷:自然科学部分,7 个分册;第三卷:附表,1 个分册。全表共收词 108 568 条,其中正式主题词 91 158 条,非正式主题词 17 410 条,该表曾作为重大科技成果荣获国家科技进步二等奖。

为使《汉语主题词表》能跟上发展需要,中国科技信息研究所于1991年对自然科学部分进行修订,出版了《汉表》(自然科学增订本)共4个卷册。

增补新词8 221条,删除不适用词5 454条。1994年出版了由北京图书馆主持,在《中图法》与《汉表》主题词对应的基础上编制的《中国分类主题词表》。对《汉表》第1版的社会科学、自然科学部分进行了修订,也可视为《汉表》的第2版。1996年,又根据《汉表》增订版补充编制了自然科学部分的轮排索引,以便从词索角度对主题词进行查找和利用,从而使结构组成更加完备,2004年北京图书出版社出版《中国分类主题词表》的修订版,可以看作《汉族主题词表》的第3版。《汉表》的宏观结构包括主表、附表和索引三大部分,如图4-1所示。

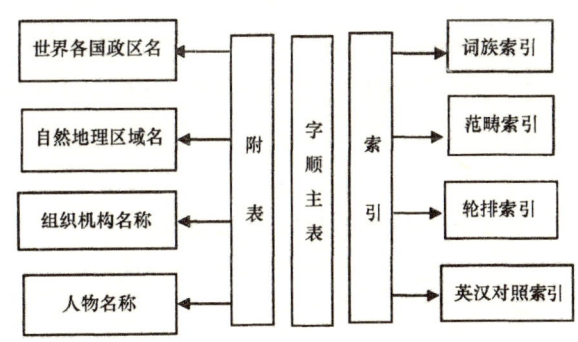

图4-1 《汉语主题词表》宏观结构

1. 主表

《汉表》的主表是众多主题词及其相关的语义关系项构成的字顺表,并按社会科学和自然科学两个范畴分别组织。主题词,是词表构成的基本要素,是进行文献标引和检索的标识和直接依据。按照词汇对象的特点,社会科学部分主要收入哲学、政治、经济、文化、历史等各学科门类的词汇,其中包括社会科学各门类科学术语和社会科学领域及专门概念,如学术派别、政治主张、历史事件、会议文献以及社会活动和政治活动等专用名词。自然科学部分则包括自然科学、技术科学类关于学科、对象、材料、方法、工艺、性能等方面的名词术语或专用名称。涉及有关世界各国政府名称、自然地理区划名称、组织机构名称和人名等,则从主表撤出,另设附表单独编列。

主表主题词款目结构,通常由款目主题词、汉语拼音、英文译名、范畴号、注释项及其语义关系项组成。款目格式如下：

汉语拼音　　BISHIGANG

款目主题　　笔石纲

英文译名　　GROAPTOLITHIDA

代项符号　D　笔石非正式主题词

分项符号　F　树形竹石目下位主题词正笔石目

属项符号　S　半索动物上位主题词

族项符号　Z　无脊椎动物门族首词族首词符号

参项符号　C　笔石体相关词

主题词款目中，根据实际需要设有反映主题词词间语义关系的参照项，有 Y（用）、D（代）、F（分）、S（属）、Z（族）、C（参）6 种。少数主题词款目不含任何参照项，而只含有范畴号。此外，少部分主题词款目内尚有含义注释或事项注释。参照项的种类、作用和符号如表 4-1。

表 4-1　参照项的种类、作用和符号

参照项名称	符号	简称	作用
用项	Y	用	指引相应的正式主题词
代项	D	代	指引相应的非正式主题词
分项	F	分	指引所含的下位主题词
属项	S	属	指引所从属的上位主题词
族项	Z	族	指引所从属的族首词
参项	C	参	指引有语义关系的相关词

本词表字顺表中，主题词款目内的分项和属项，只指引最邻近的下位词（狭义词）和上位词（广义词）。如果一个族首词是一条款目主题词的直接邻近的上位词，则在该款目内用"S"符号加以指引；如果是越级的上位词，则用"Z"符号加以指引。

主题款目的排列以款目词的汉语拼音为依据，款目严格按照款目主题词汉语拼音，以字母为单位进行，排列时不考虑汉字的笔画、笔形，同一汉字起首的主题词在字顺系统中是分散的，修订后，自然科学部分主表则以汉字为单位注音，按音序、调序与部首笔画排列，可以将同一汉字起首的叙词集中在一起，比较符合广大用户的使用习惯。

2. 附表

附表是将一些具有通用性的专用名词从主表析出，单独编制而成的词汇表。附表收录"世界各国行政区名称""自然地理区划名称""组织机构"和"人物"四个范畴中常用的专用名词，是主表不可缺少的分支和组成部分，附表和主表主题词之和构成《汉语主题词表》收词量的总和。各表概况如下：

附表一：世界各国政区名称。该表收录世界各个国家、地区及所属重要城市名称，中国政区名称，省、自治区、直辖市以及部分重要城市和地区名称；县一级名称未予收录，县以下个别重要城镇、村落名称则按专业研究需要分别被主表收录。

附表二：自然地理区划名称。该表收录世界重要自然地理区划名称，包括山川、河流、湖泊、海洋、岛屿、平原、盆地等的名称，如长江、黄河、珠穆朗玛峰、巴尔喀什湖、北冰洋、黑海、朝鲜半岛、撒哈拉沙漠、准噶尔盆地等。

附表三：组织机构。该表收录各国具有研究价值和文献论述的重要机构团体名称，但关于政治派别、军队和中外历史上的机构团体名称，均已被主表收录，该表不再收录，机构名称一般采用全称。但在少数情况下简称比全称通用时，也可以简称为专有主题词，个别通用的外国机构原文的简称，亦可用作正式主题词，并与其中译名建立联系。如：不用"奥林匹克委员会"，而用"奥委会"；不用"美国国家航空和宇宙航行局"，而用"NASA"等。

附表四：人物。该表收录古今中外具有研究价值和文献论述的人物，外国人姓名一般取姓的中译名，名用原文缩写，按姓在前名在后次序书写，如罗斯福·F. D. (1882—1945)，罗素·B. (1872—1970)，哥白尼·N. (1473—1543)等。

3. 索引

《汉表》的辅助索引是通过改变组织方式，提供从不同途径着手查找主题词的工具，包括范畴索引、词族索引、轮排索引和英汉对照索引四种，现分别介绍如下。

范畴索引又称范畴表、分类索引，它是将《汉表》的全部主题词（含非正式主题词）按概念所涉及的学科或范畴分成若干大类，大类之下再分若干二级或三级小类，小类之下再将所属的主题词(含非正式主题词)按字顺排列一览表。范畴索引的功能便于从学科或专业角度查词，同时也可用来组织分类主题目录(索引)式的检索工具。

词族索引也称族系表或等级索引。它是将《汉表》中具有等级关系的主题词(不包括非正式主题词)，按属分等级构成词族，并按各词族的族首词字顺排列而形成的一览表。词族索引的作用，一是提供从一个词族中外延最广的主题词(族首词)出发，查找所需主题词的途径；二是在机检系统中，自动进行上位词登录，满足扩检和缩检的需求。

轮排索引又称轮排表，是将《汉表》主表中的全部主题词，按其所含的词素(单词)的字顺进行排列，使含有相同词素的主题词集中在一起而形成的一览表。轮排索引的功能，一是为查找主表主题词提供多个入口；二是将含有相同词素的词集中一处，便于用户选准或选全所需主题词。

英汉对照索引，是一种通过英文名使用词表的辅助工具。《汉表》的英汉对照索引一般将每个主题词，包括正式主题词与非正式主题词都尽量译成英文，非正式主题词后以"Y"项列出相应的正式主题词，当一个汉语主题词有多个英语对应主题词时，则同时译出；一个英文名词同时对应几个汉语主题时，也在该英文词下同时列出。它可以帮助标引人员和用户直接从英文着手检索外文文献，也可以通过它查找英文主题词表，促进国内外主题词的转换。此外，它还可以作为英汉对照的规范化术语词典使用。

二、文献主题标引的方式

主献标引的方式很多，按照不同的区分标准可以划分为如下方式。

1. 依照文献的内容单元划分

依照所标引文献的内容单元，主题标引可划分为整体标引、全面标引、重点标引、补充标引四种方式。

(1) 整体标引

整体标引也称浅标引，或概括标引，是针对文献整体内容提取主题，只概括揭示文献基本主题或整体主题的标引方式，而对于文献的从属主题、局部主题一般不予以揭示。整体标引通常用一个主题词单独标引或少数几个主题词组配标引,如对《硫氮污染物的控制对策及治理技术》一书进行整体标引,只标引"烟气污染的防治"这个整体主题,不标引硫化矿燃烧前净化技术、燃烧后处理技术、工艺脱硫降硝、烟气脱硫、综合利用硫渣、脱硫的经济效益等局部主题。整体标引的标引深度最小,主要适用于综合性图书馆、情报机构建立手工检索系统时对普通图书的标引。但在许多情况下,整体标引都与补充标引结合使用。

(2) 全面标引

全面标引也称深标引,是把文献中全部有价值、符合检索系统要求的主题内容都予以揭示的标引方式。对于主题标引来说,一般可用数个、甚至多达几十个主题词予以揭示,如对《中国大陆鸟类六种趋极疟原虫的记述》一书进行全面标引,就应标引出小鹤疟原虫、极疟原虫、台湾疟原虫、狄氏疟原虫、劳氏疟原虫、嗜核疟原虫等具体的趋极疟原虫。如有必要,还应对整体主题"中国鸟类的趋极疟原虫"予以标引。全面标引的标引深度最大,主要适用于专业图书馆、各类情报机构处理情报价值大的文献,如论文、科技报告、专利文献等。对于计算机检索系统,一般应采用全面标引,使文献中的情报内容得到最充分的揭示。

(3) 重点标引

重点标引也称对口标引,是只对文献中适合本单位、本专业服务对象需要的信息内容进行揭示的标引方式。如在《模拟人在火灾中的系统》一书中,包括了"HARRY BURNS"人体模型所采用的材料、结构及安装有的热流传感器,皮肤损伤估价方法,计算机控制数据采集系统,以及防护服测试方法等。对于一个计算机研究部门可只对"计算机控制数据采集系统"进行重点标引。重点标引有较强的针对性和筛选性,主要适用于专业单位或检索系统对于该专业相关的标引。

(4) 补充标引

补充标引是在整体标引基础上,进一步将文献中的部分内容析出,提取个别局部主题予以标引的方式,又称分析标引。如《科技文献检索》一书,除了对整体主题"科技文献检索"进行标引外,又可将其中的"索引法"内容析出,作补充标引。补充标引是一种辅助标引方式,能够较好地揭示文献中有较大检索和参考价值的内容。

2. 依照主题概念的对应程度划分

（1）专指性标引

专指性标引是指选用一个所表达概念与被标引主题概念完全或基本相符词进行标引。例如,《教育心理学》一书,用"教育心理学"这个主题词进行标引。

（2）组配标引

组配标引是指选用两个或多个标识的组合共同表达一个主题概念的标引。例如,《高山草本植物分类图谱》一书,可用"高山植被""草本植物""图谱"三个主题词进行标引。

（3）挂靠标引

挂靠标引是指选用一个所表达概念与被标引主题概念相近或相关的标识进行标引,亦称靠词标引。如,采用"严寒气候施工"标引"冬季施工"这一主题概念。

3. 依照所用标识是否组合划分

（1）先组式标引

先组式标引是指标引时要将组配表达主题概念的若干标识组合成标识串的标引。例如,用"高等教育—教育改革—中国"标引"中国高等教育改革"这一主题。先组标引主要用于手检系统。

（2）后组式标引

后组式标引是指标引时并不将组配表达主题概念的多个标识组合成串,而是检索时才临时组合在一起。如上例,"高等教育""教育改革""中国"三个词并不组合在一起,而后通过相同的文献号建立联系。后组标引多用于计算机检索系统。

4. 依照所用标识的受控程度划分

按照是否使用词表,主题标引可以分为受控标引、自由标引和半控标引三类。

（1）受控标引

受控标引是使用受控语言（标引语言）中的标识所进行的标引。受控标引通常以词表为依据,使用经过控制的标识进行标引。按照不同的选词方式,受控标引可分为标题法、单元词法、叙词法等。国内主要使用叙词法。

（2）自由标引

自由标引是使用自然语言词作标识所进行的标引,又称非控标引。自由词标引通常直接从文献题名、文摘或正文中抽取关键词进行标引。

(3) 半控标引

半控标引是同时使用受控语言的标识和自然语言的语词作标识所进行的标引。

5. 文献标引方式的选择

正确选择标引方式,是保证文献标引质量和提高检索效率的重要方面。对于一个开展文献标引的单位来说,在制定标引规则时,选择文献标引方式成为一项重要内容,同时在实际的文献标引阶段,也必须遵循已选定的标引方式。标引方式的选择涉及很多因素,一般应考虑如下几个方面。

(1) 检索系统的类型

手工检索系统宜采用整体标引方式,同时以补充标引作辅助方式;计算机检索系统应采用全面标引方式,以充分揭示文献中全部有价值的情报内容;手检与机检并行的检索系统,应进行全面标引,同时根据手检系统的设备等情况决定检索款目的数量。

(2) 专业特点与服务对象

综合性图书情报机构,应根据检索系统的类型尽可能全面地揭示文献主题内容,满足多种服务对象不同的情报需求。专业图书情报机构,则应根据各自的专业范围和服务对象的特殊需要选择标引方式,对一切有参考价值的主题内容进行标引,如可以对本专业的文献采用全面标引,对相邻及相关文献采用重点标引,对其他文献采用整体标引。

(3) 文献的类型

应根据不同的文献类型选用不同的标引方式。如对普通图书采用整体标引并辅以补充标引;对多级出版物采用综合标引与分析标引相结合的方式;对各种论文、科技文献采用全面标引或重点标引等。

(4) 人力、财力及成本、效益

不同的标引方式对人力、人员素质、财务、设备有不同的需求,也有不同的成本及效益,应将现有的条件和可能的发展统筹考虑,选择合适的标引方式。

三、文献主题标引程序

文献标引工作是一项复杂的技术性工作,标引质量受各个工作环节的制约,因此必须严格遵守一定的工作程序。一般来说,标引工作程序包括五个基本步骤:查找并利用已有标引成果、主题分析、主题概念转换、标引记录和标引成果著录、审核。

1. 查找并利用已有标引成果

这是要查明待标引文献是否已被本人、本单位、本系统或其他单位、系统标引过,有无标引成果可以直接采用或作为参考。查找已有标引成果的具体途径包括如下几方面:

(1)查找本单位标引成果

如果属于复本,可仍使用原文献的分类标识,但如果原来的标引有明显错误,则予以纠正;如属于某文献的不同版本或不同卷册,可增加相应的版本或卷册标识,主题标识一般不变(按分卷标引者除外)。

(2)查找外单位标引成果

如果待标文献是本单位新入藏的,则可查看是否有相应的统一(集中)标引成果可以利用。统一标引的标识是统一编目数据的重要组成部分,其传统载体是统编卡,现在已越来越多记录于以磁盘、光盘为载体的统编机读目录中。对于购有统编卡或统编机读目录的单位,如果查到待标文献的统一标引成果,还要考虑是直接采用统一标引的标识,还是只能将它作为参考,结合本单位的具体需要予以调整或修正。

(3)查看在版标引成果

我国目前几乎所有出版社在其出版的图书上载有在版编目数据,美、英等国出版的图书上几乎都有出版编目数据。在版编目数据中包含的分类号、主题词就是在版标引成果。这些成果,有的可以直接采用,有的只能作为参考。

2. 主题分析

对没有现成标引成果可以采用的文献,需要标引人员对文献进行主题分析。主题分析就是对文献的内容特征进行分析,在充分了解文献内容及其学科属性、研究对象的基础上,深入分析主题类型、主题结构及构成要素,对有检索意义的主题概念进行概括、提炼和选择的过程。在主题分析阶段,对文献内容的分析不应受标引语言的限制,标引人员可用自然语言对文献主题内容进行描述。基于自然标引的主题分析则表现为从文献中抽取表达主题的自然语词,如词频统计分析、语词位置加权等。主题分析是文献标引中最重要的环节之一,主题分析的质量决定着文献标引的质量。

3. 主题概念转换

在主题分析阶段,我们是用自然语言对文献主题内容进行描述的。要形成检索标识,还必须把这种描述翻译成特定标引语言的标识,也就是用标引语言的标识表达主题概念,这个过程就是主题概念转换。

人工标引的主题概念转换这一步可以细分为标引工具中相应的含义辨识;选择表达主题概念或概念因素的恰当标识并构成完整的检索标识,其中包括了标识的句法控制(如复分组号、确定组配词序、联号、职号等)问题。主题概念转换与主题分析一样,也是文献标引的重要环节。正确的主题分析是主题概念正确转换的前提,只有正确的主题转换才能使主题分析结果得以正确表达。

4. 主题标引记录

主题标引记录包括直接标引结果记录和相关问题记录两种类型。

直接标引结果记录,是将标引所得的标识按规定格式记载在特定的载体上。对卡片目录和书本式索引来说,就是将主题标引的结果记录在卡片或书本目录的排检项位置。对于计算机检索系统来说,就是将主题标引的结果记录在文档的相应字段。

相关问题记录,是对标引过程中遇到的重要问题及处理结果加以记录,如主题词的增、删、改记录,增加的类目注释记录,上位词标引、靠词标引、自由词标引记录等。做好标引记录可以提高标引的一致性和工作效率,为标引语言的发展和完善创造条件。

5. 审核

为保证文献标引的质量,减少标引误差,必须对标引的各个环节及最后结果进行审核。审核的内容主要包括如下几方面。

(1)主题概念的提炼是否准确、全面、特别注意文献潜在的用途和隐含概念是否被遗漏;

(2)标引方式的选择是否符合检索系统及文献类型的要求;

(3)选用的分类号、主题词是否确切地表达了文献内容的学科属性及文献主题概念。

(4)主题概念的转换与主题标识的确定是否符合所用分类表与主题词表的辨别、选词规定及标引规则,是否符合检索系统的要求。

(5)是否存在过度标引或标引不一致等问题。

(6)标引记录是否准确、有无遗漏。

第二节 文献主题分析的方法与步骤

文献主题分析是根据文献存储系统的需要,通过审读文献,对文献内容进行分析和提炼的过程。其目的在于了解、判断文献具体论述与研究的对象或问题,从而确定文献主题,确定各主题之间以及构成主题因素之间的关系。为了正确恰当地进行文献主题分析,首先需要了解和掌握主题有哪些类型;其次,需要掌握了解文献主题的结构;最后需要掌握文献主题分析方法。

一、文献主题的类型

文献主题是一组具有共性事物的总称,用以表达文献所论述和研究的具体对象和问题,也就是文献的中心内容。根据文献论述与研究对象和问题的数量、构成文献主题因素的数量、文献所述主题性质等标准划分,可区分出多组主题类型。

1. 单主题和多主题

依据文献论述与研究对象和问题的数量划分,可分为单主题和多主题。

单主题是指文献只研究或论述一个中心内容或一个中心问题,即一个主题。它可以是论述一个独立的事物、问题、学科,如教育、理论、高等数学等;也可以是论述一个主题或问题、学科的一个方面,如柴油机喷油泵的维修、声与物质的相互作用、物理学现状等。

多主题是指文献研究论述两个及两个以上的中心内容或中心问题,即两个或两个以上的主题。构成多主题的因素一定是不相容的逻辑关系,即矛盾关系或不相容的并列关系或反对关系。因此,它可以是两个或两个以上独立的但可以相互关联的事物、问题或学科及其方面,如导电体与绝缘体、有机物与无机物;也可以是一个大主题和与之相独立但可关联的一个或多个小主题,如地球、月亮和太阳,热力学与统计物理学等。

2. 单元主题与复合主题

依据构成文献主题结构因素多少,可分为单元主题和复合主题。

单元主题是指文献主题中只含有一个主题因素,也称单因素主题。单因素主题在文献标引实践中相对较少,如量子力学、古环境、皮肤肿瘤等。

复合主题是指文献主题中含有两个或两个以上的主题因素,也称多元主题或多因素主题。复合主题是比较复杂的主题,构成复合主题的主题因素之间一定具有相容的逻辑关系,一般是属种关系、整体与部分的关系、全面与某一方面的关系、交叉关系、相容的并列关系。根据复合主题因素之间的逻辑关系可划分出如下几种类型的复合主题。

"事物—部分"型复合主题,如人体与其心脏、计算机硬盘等。

"事物—方面"型复合主题,如动物饲养、动物解剖等。

"事物—部分—方面"型复合主题,如计算机硬盘维修等。

"事物—影响—受影响事物"型复合主题,如气候对人类寿命的影响等。

"事物—比较—对照事物"型复合主题,如中美图书馆学的比较等。

"事物—关系—相关系的事物"型复合主题,如鱼与水的关系等。

"事物—应用—被应用事物"型复合主题,如数学在测量技术中的应用等。

"事物—文献类型"型复合主题,如图书馆学的博士论文。

"事物属—种"型复合主题,如油料作物花生、禾谷类作物与玉米等。

对于复合主题,应认真分析其组成的要素及要素之间的关系,以便对主题概念进行取舍。

3. 整体主题与局部主题

依据主题对文献内容概括范围大小区分为整体主题与局部主题。

整体主题是指能概括某一文献的全部内容或至少是基本内容主题。局部主题是指只能概括某一文献的部分内容的主题。一般情况下,一篇文献整体主题只有一个,局部主题可以有多个。如,《科学技术信息系统标准与使用指南第五卷——情报文献工作标准》一书,该文献的整体主题是情报文献工作标准使用指南,但局部主题有多个,有文献著录标准使用指南、文献分类、序词标引标准使用指南、文献编辑出版格式标准使用指南等。

4. 显性主题和隐性主题

依据主题对文献概括的清晰程序可区分为显性主题和隐性主题,也称显见主题和隐含主题。

显性主题是指文献内容中较易分析和辨识的主题。隐性主题是指文献内容中没有直接表达出来,不是显而易见的,而隐含在文献内容中的主题,需要进行"由表及里""由此及彼"的分析和辨识。例如,《电子秤的计量标准》一书,其主题是显而易见的;而《菜根谭》一书的主题就隐含在文献内容中,需要经过认真细致的分析,才能发现其主题,它是一部修身、处世、待人、接物、应事的格言集,主题是道德哲学中的个人修养。

5. 主要主题与次要主题

依据主题对文献内容概括的重要程度可共分为主要主题与次要主题,也称中心主题与边缘主题。

主要主题是指概括文献重点、中心内容的主题。一般情况下,文献只有一个中心主题。但对多主题文献来说,中心主题也可能是两个或两个以上的不相兼容的并列主题。例如,《土壤普查分析与改良》一书中,"土壤普查"与"土壤改良"都是中心主题。

次要主题是指中心主题以外的,不属于论述重点的主题。例如,《虾酱》这篇文献中的中心主题是"虾水产品的加工和制作",虾作为虾酱原料,它的养殖技术是文献所论述的次要主题,依据文献存储和检索系统的需要决定次要主题是否标引。

6. 专业主题和相关主题

依据主题所反映的专业属性可区分为专业主题和相关主题。专业主题是指文献的中心内容与文献检索系统专业性质相一致的主题。相关主题是指文献的中心内容与文献检索系统专业性质和范围不一致但相关的主题。

在主题分析过程中要分清属于上述六组主题类型的哪一种,这是十分重要的,它直接影响着文献主题标引方式、标引深度、标引方法等的选择。

二、文献主题结构

文献主题结构是指构成文献主题各个因素间的相互关系。除纯粹的单元主题外,任何文献主题都是由一定的主题因素构成,并且各主题因素之间存在着一定的结构关系。分析文献主题结构就是为了通过对主题概念分解和分析,分清文献主题的主要成分和次要成分,掌握主题的中心部分和修饰说明部分。文献主题结构在国内外都有较广泛的研究,已经有了较成熟的主题结构模式。刘湘生提出的文献主题标引公式,已被国家标准 GB3860-1983《文献主题标引规则》、GB/T3860-1995《文献叙词标引规则》所采用。它是把主题因素分成5个面,即5层,其排列次序和构成如下。

1. 主体面

主体面是能反映出主题中主要特征属性的一组主题概念。它所涵盖的主题因素称主体因素,一般包括研究对象、材料、方法、过程、条件等具有独立检索意义的一些基本概念。在某个主题中,主体因素可以含有多个,在计算机检索系统里可以同时提供多个检索入口,在手工检索系统,可以同时轮排做主标目。

(1) 研究对象因素

研究对象因素一般有事物、人物、事物的组成成分和组成部分、学科、问题、现象等,如"教育社会心理学"的主体因素为研究对象因素:"教育心理学""社会心理学"。

(2) 方法因素

方法因素指对象因素进行操作时的措施、工艺、手段、方法,以及所使用的工具等,如"小麦病虫害防治方法"的主体因素为事物(对象)和材料因素:"小麦""病虫害防治方法"。

(3) 材料因素

材料因素指构成对象的物质材料,如"铝合金板"的主体因素是事物(对象)和材料因素:"金属板""铝合金"。

(4) 过程因素

过程因素一般是指各种自然过程、社会过程和生产过程中的运动、操作、演变等,如"动物的无性繁殖"的主体因素为研究对象因素和过程因素:"动物""无性繁殖"。

(5) 条件因素

条件因素是指对象因素存在、发展、变化、研究、操作等方面的条件,如"叶酸维生素 B 缺乏病"的主体因素为研究对象因素和条件因素:"维生素 B 缺乏病""叶酸"。

2. 通用面

通用面是反映文献主题中一般通用特征属性的一组概念因素,即通用因素,它是指文献主题中次要成分,修饰说明文献内容部分的次要属性因素。这些概念因素一般都不具有独立检索意义,是主体因素的通用性复分,在计算机检索系统中,一般不做检索入口,在手工检索目录体系中,不做主标目,例如天文仪器构造、维修、应用。如果通用因素与主体因素结合已构成复合主题词时,该概念因素应视为主体因素,例如文物修复,其概念因素为主体因素:"文物""器物修复"。

3. 空间面

空间面即空间因素或位置面、位置因素,它是反映文献主题中的空间地理位置属性的一组概念因素,包括自然区域和行政划分区域等方面的概念因素,如国家名称、地区名称、自然区域名称等。这些位置因素,在文献主题中,是对主体因素在地理位置上的限定、修饰,在计算机检索系统中,一般不做检索入口,在手工检查目录体系中,不做主标目。但是,如果在文献主题中已构成文献的研究对象应视为主体因素。

4. 时间面

时间面即时间因素,它是反映文献主题中所处的时间属性的一组概念因素,即文献主题的时间属性,如年代、时代、朝代等,一般不做检索入口,不做主标目,如古代歌曲。

5. 文献类型面

文献类型面即文献类型的因素，表现该主题类型的因素，如期刊、手册、词典等，一般不做检索入口，不做主标目。但是，如果文献类型因素是文献研究的，将成为文献主题的主体因素，如辞典的编纂。

以上文献主题的一般结构和5种主题因素构成一般模式，但各类型文献、各学科文献千变万化，为了使文献主题标引规范一致，文献标引单位都需要结合具体文献，在总的文献主题结构模式的指导下，进行文献主题结构分析工作，否则，很难取得高质量的文献标引结果。

三、文献主题分析方法

文献主题分析，就是根据文献存储和检索系统的需要，对文献内容进行分析和提取主题概念的过程。主题分析的目的是在掌握文献中心内容的基础上提炼相应的主题概念，然后用情报检索语言将其充分、准确、简明地表达出来，形成文献的检索标识，从而使同一主题的文献集中在检索系统的同一主题词或标题之下。通常文献中的情报内容不是显而易见的，只有经过深入调查、仔细分析，才能明确。

1. 主题标引的深度

标引深度，也称标引网罗度或标引穷举度，是指对一篇（种）文献所给予的全部检索标识的数量，即对该文献中具有检索意义的内容特征和外表特征进行分析描述所达到的深度。对于主题标引来说，标引深度指赋予某文献主题词的数量。对于一个检索系统来说，文档中所存文献平均拥有的检索标识的数量，就是其标引深度。标引深度主要取决于标引网罗范围，一种文献的主题一般不止一个，标引网罗范围具体表现为被标引主题的数量。一种文献的内容，往往既可以综合为一个主题概念（整体主题），也可以分析为许多主题概念（局部主题）。一种文献分析出的主题数量，主要决定于该文献本身的内容范围与深度、对特定检索系统和用户的情报价值以及所采用的分析水平和分析角度。因此，主题分析的深度决定着文献标引的深度。

2. 主题分析的角度

主题分析的角度受多方面因素制约。首先，文献的学科性质不同，分析的角度也不同。例如，对于医学文献，一般是从患病器官、疾病种类、病因、诊断方法、治疗方法、治疗药物等角度进行分析；而对于工业技术文献，则一般是从产品类型、性能、生产原理、产品结构、原材料、工艺过程、生产设备等角度进行分析。其次，分析角度因各单位的专业性质和需求不同而有所侧重。例如，《食品添加剂与食品营养成分》一文，对于食品生产单位可能侧重从添加剂的使用角度分析；对于医学单位可能侧重从添加剂对食品营养成分的影响角度来分析；而对于化工单位则可能侧重从添加剂的成分、性能和生产角度来分析。作为综合性图书情报机构，应从多种角度进行分析，查明每一文献的多种潜在用途；作为专业图书情报机构，则应全力查明文献中对本单位服务对象有用的情报。第三，分析角度也受所使用的情报检索语言类型和特点制约。比如，使用体系分类法，应从各分类标准的角度进行主题分析；使用主题做法，应主要从文献研究对象的角度进行全面分析。

3. 主题分析的方式

根据分析的对象不同，主题分析分为文献主题分析和检索提问主题分析。前者是对文献内容进行分析并加以表述，后者是对情报提问进行分析并加以表述。两种主题分析都采用相同的检索语言和检索方法，如果文献主题分析和提问主题分析能趋于一致，无疑会提高检准率，因此文献主题分析时要充分考虑用户可能采用情报提问形式。

根据分析水平不同，主题分析分为"宏观分析"与"微观分析"，"概括分析"与"描述分析"。宏观分析是以一套、一种或一册文献作为一个单位进行主题分析；微观分析是以文献中的一篇、一章、一节或一个知识单元作为一个单位进行主题分析；概括分析是一种粗略的分析，仅指出一个主体事物或整体主题，并用简单概念来表达，即笼统指出它是什么事物；描述分析是一种深入分析，即除指出主体事物外，还指出若干相关事物或局部主题，具体地指出该事物的特征或它的哪一方面、哪一部分的问题，用复杂概念来表达。分析水平实际上是指对文献内容进行分析的深度和广度，是标引深度的决定因素之一。

4. 主题分析的方法

(1) 主题结构模式分析法

主题结构模式分析法是指按照事先设计的主题结构模式,提炼相关的主题要素,分析各主题要素之间的关系。比如,《日本"泡沫经济"研究论文集》一书,根据"主体—通用—空间—时间—文献"的主题结构模式,可分析出下列主题因素:

泡沫经济	主体因素
研究	通用因素
日本	空间因素
文集	文献类型因素

这种方法,具有较大的适应性。专业图书情报机构,还应根据不同的专业特点,设计不同的主题结构模式,以适应专业文献主题分析的需要。

(2) 提纲分析法

提纲分析法是根据事先制定的"主题分析提纲"进行文献主题分析的方法。主题分析提纲是结合专业特点和情报需求拟定一系列的提问,详细列举主题分析的要点,指示标引人员按所列的项目和角度进行主题分析。提纲分析法可使主题分析规范化,有助于保证主题分析的全面性和一致性,防止遗漏重要的主题因素,同时也可减轻分析过程中的脑力劳动。

主题分析提纲,实际是在主题结构模式或分析公式的基础上,对主题要素的细化和固化。由于不同学科、专业的文献主题构成要素有很大差异,因此应根据学科、专业特点、检索语言和检索系统的特点,分别拟定不同的主题分析提纲。例如,对工业技术文献来说,主题分析提纲一般包括:

文献研究的对象是什么(如产品、材料、设备、技术),研究的角度、方法是什么;

研究对象的成分、结构、材料、性质、特性是什么,采用的生产工艺、过程是什么,生产的环境、条件、设备是什么;

文献中是否有新观点、新理论、新技术、新材料、新工艺、新性能、新设备、新产品、重要数据等信息;

文献中是否还有其他隐含的概念;

文献是否还具有其他潜在的用途;

文献中是否具有检索价值的空间、时间要素,是否具有检索价值的文献类型特征;等等。

文献分析提纲需要在标引实践中不断修订、充实、完善。

(3)列表分析法

根据特定学科、专业文献主题的要素、结构及其关联,归纳出若干范畴(组面)并以列表的形式展现,作为主题分析的依据和方法。列表法可以看成是主题结构模式分析法的表格化或直观化。使用时一篇文献用一张分析表,一个主题占一栏,分别把分析出来的主题要素填在相关的组面栏内。

下面以农业专业为例,对"关中地区棉花根的生理学特征及对灌溉的要求"作简略分析。

表4-2 文献主题列表分析

主题	作物名称	部分	生物方面	栽培	产品	空间	时间
1	棉花	根	植物生理学			陕西	
2	棉花			灌溉		陕西	

使用列表分析法的好处是能简化主题分析过程,避免重要主题因素遗漏,同时有利于分析结果的一致性。这种方法适用于专业面较窄的图书情报机构。

(4)职能符号分析法

职能符号是一种用来表示主题词在组配中的语法关系和职能作用的限制标志。由于职能符号作为一种句法手段能明确主题词之间的关系意义,所以可通过为主题概念配置职能符号的方法进行主题分析。一般是根据所用检索语言的特点,按照一定的主题结构模式事先拟定一个详细的职能符号分析表。主题分析时,根据职能符号分析表提炼相应的主题要领,并为提炼出来的主题概念的性质赋予相应的职能符号。这种方法的优点是可以避免主题词组配时出现错误句法。当机检系统在对机检词处理时也采用职能符号法,那么在主题分析时配置的职能符号就可以直接用于机检词处理。

表 4-3 职能符号分析

符号	职能
A	动作对象
B	部分
C	性质
D	操作
E	施动者

例如,我们用运作对象、部分、性质、操作、施动者限定主题词的职能,并配以职能符号(表4-3)。在对《用 X 探测仪对航空发动机涡轮叶片进行无损探伤》进行主题分析时,就可以从这五方面着手分析主题概念并配置相应的职能符号:

航空发动机——A

涡轮叶片——B

无损探伤——D

X 探测仪——E

主题分析的方法是灵活多样的,应根据文献不同的学科、专业性质,不同的主题结构特点,不同的检索语言特点,不同的标引方式,不同的检索系统要求,灵活进行。无论是先找出文献研究的对象,再进一步查明是论述该研究对象哪个方面的具体问题,还是先找出文献中涉及的各种概念,再进一步查明它们之间的相互关系,都可以完成对文献的主题分析。

5.主题分析步骤

主题分析的目的是查明文献中都讲些什么,有哪些有用的情报内容。这是一项十分细致的工作,只有按照一定的程序进行,才能保证主题分析的质量。主题分析的基本步骤如下。

(1)文献审读

文献审读的目的是全面了解文献的内容和专业性质,确定其情报价值和适用范围。文献审读时首先阅读文献题目和文摘,把握文献论述的对象、写作宗旨、内容重点、学科性质以及新颖程度等,对文献主题有一个全面的了解并抓住中心主题。

其次是浏览重要的章节乃至全文,浏览中特别要注意各级标题、文中的黑体字、图表、各段结论部分,边阅读边把认为是重要的、有价值的情报内容记录下来,发现文献题目和文摘中没有表述出来的情报内容。

再次是浏览文献的附录、前言、后记等,发现正文以外的情报内容,确定文献的专业性质和读者对象,文献审读过程中,要善于利用工具书、请教专业人员,以准确把握文献主题内容。

(2)主题概念的提炼

文献审读要对查明的情报内容进行分析判断,用精炼的语句加以高度概括,这就是主题概念的提炼。主题概念在提炼过程中,不要受所使用的检索语言限制,可以用题录、文摘、正文中的关键词,也可以用自己的语言来概括,不要考虑分类法中是否有这个类目,词表中是否有这个主题词,否则会影响主题概念提炼的准确性和全面性。主要概念提炼,一般根据事先拟定的主题分析提纲进行,并且要站在用户的角度,把真正有用的情报提炼出来。隐含的主题概念很容易被忽略。对于隐藏在文献主题之中没有直接显露出来的隐含概念,在主题概念提炼过程中或之后要仔细地审查,看是否还暗含着什么情报,有没有遗漏。例如:

一种现象、过程,是否隐含着某种性质或原理;

一种工艺,是否隐含着某种设备;

一种新材料,是否隐含着某种特殊的用途;

一种药物疗效,是否隐含着某种药物的副作用;

一种化学反应,是否隐含着某种"催化剂"的概念;

一种金属表面处理技术,是否隐含着"金属腐蚀"的概念;

一种农药的药效,是否隐含着"农药污染"的概念;

一种气象模型,是否隐含着"气象模拟"的概念;

一种武器的试验,是否隐含着"杀伤力"的概念;

一个人物的研究,是否隐含着对某种思想的研究;

一篇作品的评论,是否隐含着"国家之间的关系"或"民族矛盾"的概念。

对于初步提炼出来的主题概念,还要根据其实际价值和检索系统的需要做进一步筛选,过滤没有参考价值和不符合检索系统需要的内容,防止检索出无关的资料。通常,下列内容应当舍去:文献中提及,但未详细论述或未进行的工作、实验、论点、事件、人物、方法、设备、材料等;没有提供具体事实的操作、过程、工艺等;只用来作比较的项目;不符合检索系统专业需要的情报内容,不必要的外部特征。主题概念取舍主要把握两点:一是详细论述了并能提供有价值的情报内容,二是符合特定检索系统需要的情报内容。

6. 主题概念转换

主题概念转换,是指将主题分析阶段用自然语言表述的文献主题,用《中国分类主题词表》中规范的主题语言来表达,也就是把表述的文献主题翻译成主题词。做好主题概念转换,一是要从主题概念的含义上进行转换,而不是从字面上进行简单的转换;二是要把握词表的结构和各部分的功能与联系,如分类号与主题词的对应关系及互为索引的功能、主题词的排列和词间关系显示方法、词族的显示与排列、附表的收录范围及与字顺表的联系等。主题概念的转换,根据其转换的方式可分为概念直接转换和概念分解转换两种类型。

(1) 主题概念的直接转换

主题概念的直接转换,指分析出来的主题概念可以直接转换成相应的主题词。在主题标引时,要注意使用正式主题词转换,相关的组代词应按词表的要求使用指定的主题词组配转换。直接转换比较简单,只要主题概念提炼准确,查词途径正确,就可以完成转换。例如:

中国文学史

 主题概念:中国文学史

 主题词不能直接转换

我国当前经济发展的宏观调控问题

 主题概念:中国经济宏观调控

 主题词不能转换

火箭地下发射井及指挥系统

 主题概念:火箭地下发射井、火箭发射指挥系统

 主题词不能直接转换

无线电干涉仪

主题概念:无线电干涉仪

主题词射电干涉仪

共产主义思想教育

主题概念:共产主义思想教育

主题词共产主义思想教育

(2)主题概念的分解转换

当分析出来的主题概念不能用一个现成主题词进行直接转换时,就需要采用分解转换法,即先将复杂的主题要领根据词表的要求分解成若干基本概念,再从词表中选取与基本概念相对应的主题词,按一定的组配规则组合起来,来表达这个复杂的主题概念;分解转换的基础是概念分解,概念分解有交叉关系概念分解法和限定关系概念分解两种方法。

交叉关系概念分解法,即将一个复杂概念分解成若干个具有交叉关系的概念成分,这些概念成分的外延有部分重合的关系,它们都是被分解概念的属概念,并且有共同的属概念。具有交叉关系的概念成分,在标引阶段和检索阶段采用交叉组配法进行组合。例如:

儿童医学心理学

分解成"儿童心理学"和"医学心理学"

长篇武侠小说

分解成"长篇小说"和"侠义小说"

海洋微生物生态学

分解成"海洋生物学"和"微生物生态学"

变形固体动力学

分解成"连续介质力学""固体力学"和"动力学"

微量有机定性分析

分解成"有机分析""定性分析"和"微量分析"

限定关系概念分解法,即将一个复杂的概念分解成一个相邻的属概念以及若干个限定成分,这些概念成分之间没有共同的属概念;"事物—方面""整体—部分"等类型的复合主题均采用限定关系分解法。具有限定关系的概念成分,在标引阶段采用限定组配法进行组合。如表4-4所示。

表 4-4 限定关系概念的分解

复杂概念	相邻属概念	限定概念
球墨铸铁强度试验	强度试验	球墨铸铁
温室蔬菜无土栽培	无土栽培	蔬菜、温室
英国近代抒情诗	抒情诗	英国、近代
船舶核动力装置	核动力装置	船舶

无论是"相邻的属概念"还是其"限定成分",都可同时用交叉关系概念分解法进行分解。如表 4-5 所示。

表 4-5 交叉关系概念的分解

复杂概念	相邻属概念	限定概念
中国社会主义市场经济	市场经济:社会主义	中国
卫星长期水文预报	水文预报:长期预报	气象卫星
不可压缩黏性流体力学	流体力学	不可压缩流体:黏性流体
地下停车场设计	建筑设计	地下建筑:停车场

进行概念分解转换应注意如下问题:

①当一个复杂主题概念既可采用交叉关系分解方式,又可以采用限定关系分解方式时,应优先采用交叉关系分解方式。这样既符合交叉组配优先的原则,提高检准率;又可以保证概念分解的一致性,从而提高标引的一致性。例如:

"新生儿肠胃出血",能采用概念交叉分解形式(新生儿疾病;消化系统疾病;出血性疾病),就不能采用概念限定分解形式(新生儿—消化系统疾病—出血)。

②概念分解是减少其内含、扩大其外延的过程,也是概念组配的逆过程。因此,不能采用简单的字面分析,而必须根据概念的含义分析进行概念分解。分解的结果不能追求字面形式一致,而应保证概念含义一致。例如:

"民族吹打音乐"不能分解成——民族、吹打音乐,而应分解成——民族器乐、吹打音乐。

"等离子体增长波"不能分解成——等离子体、增长、波,而应分解成——等离子体波、增长波。

"油脂精炼化学"不能分解成——油脂、精炼、化学,而应分解成——油脂制备、精炼、油脂化学。

"长城计算机使用"不能分解成——长城、计算机,而应分解成——微型计算机、长城型(说明语)。

③应根据词表收词,根据类目设置情况来确定概念分解的层次。一个复杂的主题概念往往有多种分解形式,可以分解成不同层次的概念单元。一般可先将其分解成两个复合概念,看词表中是否有与其对应的主题词或类目,如果没有,则对这些复合概念继续进行分解,直到分解的概念有对应的主题词或类目为止。例如:

"中国图书馆对外交流",可分解成"中国图书馆工作""对外文化交流",但词表中未收上述主题词,可继续分解为"图书馆工作""文化交流""中外关系";"光化学污染防治",可以分解为"光化学""环境污染""防治",也可以分解成"光化学污染物""污染防治",这五个概念均有对应的主题词,但前者未采用最邻近属主题标引概念或种概念,因此不是正确的分解结果。

四、主题标引的选词规则

1. 书写规则

用作文献检索标识的主题词称为标引词。标引词必须使用正式主题词,非正式主题词不得用作标引词,它只作为查找正式主题词的入口词。例如:

调谐电路

Y 谐振电路

上例中"调谐电路"属非正式主题词,应使用"谐振电路"标引。

标引词的书写形式必须与词表中主题词的书写形式完全相同,不得随意改变,同时要避免标引词书写过程中的错、误、漏以及别字等问题。例如:

2,4,5-滴

不能写成"2、4、5滴"

N+N 载波通信系统

不能写成"N+N 裁波通信系统"

综合征

  不能写成"综合症"

贮存密度

  不能写成"存储密度"

使用词表中的主题词串时,主题词说明词的词序不得改变;使用非正式主题词作说明语时,应去掉后面的"?";凡以"各国""各种""按××分"为说明语的主题词,均不能作为标引词使用;用"—"连接的主题词,可以根据需要选择词序。例如：

无线电导航,调幅

  不能写成"调幅无线电导航"或"调幅—无线电导航"

频率合成技术,直接法

  应当写成"频率合成技术,直接法"

房屋建筑设备:供热设备—工业炉窑

  也可写成"供热设备:房屋建筑设备—工业炉窑"或"工业炉窑—房屋建筑设备:供热设备"

2. 标引词选定次序

在选定标引词时,应根据下列次序依次选择：

标引词应首先考虑选用最专指的主题词;当没有合适的专指词时,应选用最直接、最相关的若干主题词进行组配;如果组配无法达到要求时,应选用最直接的上位词标引;如果上位词仍不合适,应选最相关的主题词进行靠词标引;对于比较重要且引频率较高的主题概念,可使用增词标引;如果某主题概念的重要程序还不足以作为新增词或有关的专用名称,可采用自由词标引。

3. 上位词标引规则

表达某主题概念,如词表中没有相应的专指词,也不能通过相应的主题词组配时,可选用最直接的上位词标引。当词表中有最直接的上位词时,不得使用间接的上位词标引。使用上位词标引,可满足检全率的要求,但会增加误检率。例如：

"家用电脑",应使用最直接的上位词"个人计算机"标引,不能使用间接的上位词"微型计算机"标引;

"寒带电气设备",应使用最直接的上位词"特殊环境用电气设备",不能使用间接的上位词"电气设备"标引。

4. 靠词标引规则

表达某主题要领,如果没有专指词可用,又不能组配标引和用直接上位词标引时,可采用靠词标引,即选用与该主题概念关系最密切的词,或近义词,或反义词标引。使用靠词标引,应在词表中建立相应参照关系,以保证相同主题标引的一致性。例如,"三金工程"可用"综合业务通信网—中国"作靠词标引。

5. 说明语使用规则

为准确描述主题概念,帮助用户甄别主题标识,可通过在标引词后加说明语的方法增加标引词的专指度。说明语应尽量选用正式主题词,如使用自由词作说明语,应做到词形简练、概念明确。标引词与说明语之间用","加以分隔。例如:

农业建筑,育种(说明语为正式主题词)

孔口流动,闸阀(说明语为正式主题词)

调速控制器,多用途(说明语为自由词)

通风机,诱导式(说明语为自由词)

汉字输入法,五笔桥(说明语为自由词)

6. 增词标引规则

如果某主题概念有较大的标引价值或检索价值,不宜采用除专指以外的其他标引方法时,可考虑使用增词标引,即增加新的主题词。增词标引适用于如下几种情况。

(1)词表中漏收的重要主题概念、有重要组配功能的词汇。

(2)新出现的、具有重要标引价值的主要概念,如新学科、新事物、新问题、新技术、新工艺、新材料、新设备等。如"国家基础信息设施""多媒体计算机""浏览器""廉政建设"等。

(3)某主题概念虽可以用主题词组配标引、上位词标引,但若增词标引频率较高、有较大的检索价值,也可用增词标引。

增加新的主题词,应尽可能利用有关词表、权威的参考书、工具书增补,使增加的主题词概念明确、词形规范、符合科学性和通用性的要求。当需要增加外来语词时,应遵循外来语词的控制原则。确定增加主题词后,要确定其各种语义参照关系,按规定的格式填写增词卡片,报词表编委会审批。

7. 自由标引规则

自由词是指未经规范化处理的、词表以外的自然语言词汇,如文献题名、文摘以及正文中的关键词等。《中国分类主题词表》是一种动态性的检索语言,要随着科学技术的发展不断修订、更新,但总存在一个时间差问题。计算机技术在情报存储和情报检索中的普通应用,为文献自动标引和数据库检索提供了技术条件和可能,因此自由词标引成为受控语言的重要辅助手段。但对使用自由词标引应严格控制,避免滥用自由词。凡属下列情况可采用自由词标引。

(1) 词表未收的专用名称,如地理名称、机构名称、人名、文献名、会议名、产品名、商标名等。

(2) 文献中出现的重要数据,如质量、密度、体积、压力、高度、速度、温度、湿度、比率、比例等。这些数据必须与相关的主题词或有关词汇连用,不能单独使用。

(3) 某些主题概念如采用组配标引,其组配结果出现多义时,被标引概念可采用自由词标引。用自由词标引,一般应同时与上位词标引或组配引配合使用,以增加检索入口,提高检全率。当专用产品、设备名称可以用主题词加说明语表达时,不用自由词标引。如"GR-560型柴油机",应标引为"柴油机,GR560型"。

自由词的选用,也应做到词形简练、概念明确。自由词一经使用,应建立登记卡并做使用记录。在机检文档标引时,自由词应填写在标引工作单的"自由词字段",不得与正式主题词相混。

五、主题词组配规则

1. 组配原理

组配是在文献标引或检索过程中,按一定的规则,用两个或两个以上的主题构成逻辑关系组合,以表达一个专指概念的方法。组配规则是文献主题标引规则的核心内容,要正确地掌握和运用各项组配规则,首先应对组配的基本原理有所理解。概念是人们对客观事物进行概括,并以语词的形式表达它反映事物的本质特征。概念之间的关系按外延是否重合,可分为相容关系和不相容关系两大类。

（1）相容关系

相容关系包括等同关系、属分关系和交叉关系。

等同关系（同一关系），即概念 A 与要概念 B 的外延完全重合，如玉米与玉蜀黍、北京与中国首都。

属分关系（等级关系），即概念 A 的外延完全包含在概念 B 的外延之中，如消防车与汽车、传记小说与小说。

交叉关系（部分重合关系），即概念 A 与概念 B 内含不同，而外延有部分重合，如市场经济与社会主义经济，公共图书馆与科技图书馆。

（2）不相容关系

不相容关系包括矛盾关系和对立关系。

矛盾关系，即概念 A 与概念 B 是并列关系，它们外延的总和等于其属概念的全部外延，如有色金属和黑色金属的外延之和等于其属概念金属的外延，自然灾害与人为灾害的外延之和等于其属概念灾害的外延。

对立关系（反对关系），即概念 A 与概念 B 是并列关系，它们的外延总和小于其属概念的外延，如社会主义和资本主义的外延之和小于其属概念社会制度的外延，导电材料和绝缘材料外延之和小于其属概念材料的外延。

概念组配建立在概念逻辑关系的基础上，以概念的分析与综合为手段，以揭示概念的本质为目标，利用检索语言中已有的若干概念，组合起来表达一个新的专指概念的方法。概念组配是主题词法（叙词法）的基本原理，它能正确反映概念之间的逻辑关系，严密、确切地表达新主题的含义。在主题词标引文献和使用主题词检索文献都应当使用概念组配的方法，避免字面组配。字面组配是建立在概念字面分拆和字面拼接的基础上，注重表面词形的一致而不强调概念内含和逻辑关系的构词方法。字面组配的结果往往不能确切表达一个新主题的含义：例如，"胃切除手术"这一主题，采用字面组配是"胃—切除—手术"，而概念组配则为；"胃疾病—切除术"。有时字面组配与概念组配的结果的词形可能是一致的，这是因为词形分拆和概念分解的结果正好相同，但并不能说明字面组配与概念组配在原理上是一样的，如"小麦栽培"字面组配和概念组配的结果都是"小麦—栽培"。

2. 组配的类型

根据参与组配的主题词之间的逻辑关系，主题词组配可分为交叉组配、限定组配和联结组配三种基本类型。

(1) 交叉组配

用具有交叉关系的若干个主题词,组合起来表达一个新的专指主题概念的组配方法称为交叉组配,也称并列组配。交叉组配的方法是:首先将要标引的复杂主题概念分解成若干个简单的主题概念,这些简单主题概念都是该复杂概念的属概念,并且在词表中均有对应的正式主题词,将这些主题词连接起来,组配成一个更专指的主题概念,这个新的主题概念是各参与组配概念的种概念。例如,"食品冷藏",可分解"食品贮藏"和"制冷贮藏"两个简单的概念,它们都是食品冷藏的概念,且都是正式主题词,然后组配成为"食品贮藏:制冷贮藏",这两个概念外延的重叠部分即为"食品冷藏",它是"食品贮藏"和"制冷贮藏"共有的种概念。

注意:用于交叉组配的主题词,应大体是同级概念,具有属分关系的概念不能进行交叉组配。例如,"马尔柯夫标准过程",不能用"马尔柯夫过程:标准过程"组配,因为"马尔柯夫过程"是"标准过程"的上位概念,而应直接用"标准过程"标引。

(2) 限定组配

限定组配,也称复分组配。是由一个表示事物的主题词和另一个(或几个)表示事物的部分、属性,或表示事物的方面的主题词,组合起来表达一个新的专指概念的组配方法。限定组配是以概念的限定为基础,通过对一个泛指的属概念进行层层限定(加深概念的内涵,限制概念的外延),形成一个新的专指概念。限定组配使用"—"和","作为组配符号,根据限定概念与被限定概念之间的关系,限定组配可分为特称限定组配、方面限定组配和说明语限定组配三种基本类型。

特称限定组配,是将一个表示事物的属概念用另一个表示事物的概念加以限定,转化为一个更专指的分概念的组配方法。形成的新专指概念,是被限定属概念的一部分,与被限定的词是整体与部分关系,是限定概念的种概念,与限定概念是属种关系。例如,"玉米的根",用"玉米—根"组配。新专指概念"玉米的根"是被限定属概念"玉米"的部分,它们之间是部分与整体关系;"玉米的根"是限定概念"根"的种概念,它们之间是属种关系。

方面限定组配,是将一个表示事物的概念,用一个(或几个)表示事物的属性、方面的概念进行限定,转化为一个表示该事物某种属性、某种状态、某一方面的专指概念的组配方法。所形成的新专指概念,表示被限定概念的方面。采用方面限定组配时，要将复杂概念分解成一个相邻的属概念和一个表示事物或问题的概念。分解的成分不存在共同的属概念，限定概念与被限定概念之间不存在交叉关系，形成的新专指概念，表示被限定概念的一个方面，是限定概念的种概念。例如，农业废物处理，用"农业废物—废物处理"组配。

说明语限定组配，是将一个泛指的概念，通过说明语加以限定，转化为一个更专指概念的组配方法，它是方面限定组配的一种特殊形式。说明语限定组配以"，"为组配符号。被说明(限定)的主题词称为"中心词"，通常表示事物、问题、过程。用以说明(限定)"中心词"的主题词称为"区分词"，通常表示事物、问题、过程的性质、状态、类型、材料、条件、空间、时间等。说明语限定组配采用倒置词序，即中心词在前，区分词在后，中间用"，"连接，区分词可以是正式主题词，也可以是自然语言。例如：

微生物，好氧的(正式主题词)；

伺服系统，混合式(自由词)。

当区分词是正式主题词且有检索意义时，一般应采用方面限定组配，如"太阳能收集"用"太阳能—收集"，而不用"太阳能，收集"；又如"脱水设备"用"脱水—设备"，而不用"设备，脱水"。

(3)联结组配

将两个或两个以上主题概念，用一个具有构词功能的主题词联结起来，转化为表达这些主题概念特定联系的组配方法。参与组配的概念具有某种联系，但不具有交叉关系或限定关系，形成的新概念不具备新主题对象的特征。属于事物与事物的关系、比较、影响、作用、应用等类型的联系，应使用联结组配方式。组配时通常将应用的主题、用于比较的主题、发生影响的主题、产生作用的主题置于前面，将相应的功能词置于中间，使用组配符号。例如：

气候因子与动物的关系，用"气候因子—关系—动物"；

森林对气候的影响，用"森林—影响—气候"；

射线与物质的相互作用，用"放射线—相互作用(物理)—物质"；

地震应力对箱形基础的作用，用"地震力:应力—作用—箱形基础"；

道教与佛教，用"道教—比较研究—佛教"；

超声波在农业中的应用，用"超声波—应用—农业"，或"农业—应用—超声波"。

需要注意的是,如果词表中已有表示某种关系的专指主题词,某些联结关系的组配就要改用限定关系组配。例如:气候对森林群落的影响,使用"气候影响—森林群落",而不用"气候—影响—森林群落"。

3.组配规则

组配标引是主题词法准确揭示文献主题的主要标引方法,使用《中国分类主题词表》进行文献标引,应遵循下述组配规则,以保证标引的准确性和一致性。

(1)使用专指主题词组配。

当词表中有表达某复杂主题概念的专指词时,不得使用其他主题词组配标引。例如:"磨损腐蚀试验",词表中有该主题的专指词,不得使用"磨损试验:腐蚀试验"组配标引。

(2)主题词组配应当是概念组配,避免简单的字面组配。

参加组配的主题词之间必须具有一定的逻辑关系,如概念交叉关系、概念限定关系、概念说明关系、概念联结关系,不能进行简单的词语字面分拆和词语字面拼接。例如:医用光学仪器,使用"医疗器械—光学仪器",而不用"医疗—光学—仪器"。

(3)优先使用交叉组配。

当表达一个复杂主题概念有几种组配形式可选时,应优先采用交叉组配法,只有不能进行交叉组配时,才可使用限定组配法。例如:畜牧生物气象学,使用"生物气象学:畜牧学",而不用"畜牧—生物气象学"。

限定组配适用的范围:

①表达事物的整体/部分关系。

②表达事物的方面限定关系。事物及其理论,事物及其性质,事物及其材料,事物及其现象、状态、过程,事物及其加工、工艺、检测,事物及其研究的方法、手段,事物、事件及其人物、机构,事物及其地理位置、国家,事物及其时间,事物及其文献类型。

③表达事物的说明限定关系。

(4)不能越级组配。

当无专指主题词用以组配时,必须使用文献与主题概念关系最密切、最邻近的主题词进行组配。当有相应的专指主题词可用来组配时,不得使用该词的上位词或下位词组配,以避免越级组配,例如:

中国农业经济建设,使用"农业经济—经济建设—中国",而不用"中国—农业—经济—建设""农业经济—建设—中国""农业—经济建设—中国";

高等师范教育政策,使用"高等师范教育—教育政策",而不用"师范教育,高等—政策""高等教育:师范教育—教育政策"。

(5)具有矛盾关系、对立关系的主题词,不得进行相互交叉组配或限定组配。如,金属材料与非金属材料、导体与绝缘体、资本主义与社会主义、作用力与反作用力等。

(6)组配的结果必须概念清楚、确切,只能具有一个含义,不能具有多个含义。若组配的结果可能产生歧义,应通过明确词序,或改用上位标引、靠词标引、增词标引,或增加说明语,或增加辅助标引词,或使用职能符号等方法加以处理,防止出现标引误差。例如:

企业文化初探,用"企业—文化—专题研究"组配,避免产生"文化企业"的歧义;

工厂学校,用"工厂—附属—学校"固定词序组配,避免产生"学校的工厂(校办工厂)"的歧义;

玩具餐具,用"玩具—造型—餐具"组配,增加辅助标引词以使词义确切。

(7)对于文献中并列的多主题,手检系统应采用分组标引方式;机检系统可用加联系符号的方法明确各主题词之间的逻辑联系,以避免造成虚假组配。例如:

海水鱼虾养殖

主题款目:海水养殖:鱼类养殖

　　　　　海水养殖:虾类养殖

当多个并列主题有共同的上位概念时,一般还应同时用上位概念标引,以提高检全率。例如:

库车、沙雅、拜城农业区域开发研究

主题款目:农业区:经济区—地区开发—库车

　　　　　农业区:经济区—地区开发—沙雅

农业区:经济区—地区开发—拜城

农业区:经济区—地区开发—新疆

(8)当一个复杂的主题使用一个组配标题难以准确表达,或超过规定的组配级别时,也可以采用分组标引方式。例如:

卫星气象观测与森林气象灾害预报

主题款目:气象卫星—气象观测

森林—气象灾害—气象预报

(9)当某一主题概念在词表中规定有组代词时,应使用规定的主题词及词序组配,不得使用其他主题词进行组配,以保证同一主题标引的一致性。例如:

森林旅游

Y 森林资源—应用—旅游

"森林旅游"这一主题应按"森林资源—应用—旅游"的形式组配,不得组配为"森林—旅游"或"旅游,森林"等形式。

4. 组配符号及其使用

使用《中国分类主题词表》进行文献主题组配,可使用下列组配符号。

(1)冒号":"

①用于概念交叉组配。如,高压容器:化工容器。

②用于主题中若干相关联的并列主题因素的组配,只限于地区、语种、世族或种族等主题因素使用。这种组配不是为了形成新的专指概念,而是表达与标题中主体因素相关联的主题概念,使标题的含义更加明确。

(2)短横"-"

用于概念限定组配以及概念联结组配。例如:

微型计算机-存储器;

土壤下部-影响-气候;

市场经济-比较研究-计划经济。

(3)逗号","

①用于概念说明限定组配(倒装说明语)。例如:

微生物防治,昆虫病毒;

边坡,150米高。

②在主题词轮排时,用于将正装词序的复合词改为倒置词形式。例如:

医学心理学可轮排为:心理学,医学;

军事地理学可轮排为:地理学,军事。

(4)起止号"~"

用于时间、年代之间的连接符号、被连接的时间概念,可以是主题词,也可是自由词。例如:

中国共产党—党的建设—1920~1949;

经济史—德国—18世纪~19世纪;

地质构造—晚二叠世~中二叠世。

5. 组配的词序

确定和规范主题词的组配词序,是为了正确表达主题词之间的逻辑联系,有助于用户掌握查找的规律和对标题的判读;有助于保证主题款目的一致性,提高标引的准确性,避免出现错误的组配关系。主题词组配时,应以《文献主题款目规则》(GB 3860-83)中关于主题构成因素及其序列:"主体因素(对象—材料—方法—过程—条件)—通用因素—位置因素—时间因素—文献类型因素",作为组配次序的基本依据。在确定组配词序时,也可以根据主题结构和要素的特点适当加以调整。例如:

德国球墨铸铁轴承热处理数据手册

曲轴—球墨铸铁—热处理—数据—德国—手册(对象—材料—过程—通用—位置—文献)

6. 多级标题中主题词的轮排

轮排的目的是通过多能标题中的词语位置的调换,使每一个具有检索意义的主题以及某些复合主题词中有检索意义的主题因素,都有机会成为检索入口。

(1)手工检索工具的主题词轮排一般采用"轮替法"(简单轮排法),即依次把有检索意义的主题词放置到标题的前端,其他词序不变。轮排后的词序如逻辑性或可读性不强,可加以调整。例如:

主题款目:外科手术—气管疾病—异物(人体部位)

主题轮排气管疾病—外科手术—异物(人体部位)

异物(人体部位)—外科手术—异物(人体部位)

使用单元卡片编目时,可分别在主题检项中有关主题词下画红线,指示排检依据。这种方法不但简单实用,而且还保留了原标题的句法结构。

(2)用":"号、","号、"~"号连接的主题词(或年代),在轮排过程中,均作为一个整体移动,词序不变;当用连接的主题词轮排至标题前端时,两端的主题词可互换位置。

六、文献标引工作质量控制

文献标引是一项十分复杂的技术工作,它具有工作量大、环节多、程序严密、难度高的特点。由于文献主题及其论述方式千变万化;各种标引语言的体系结构、编制技术复杂、掌握使用很不容易,且本身都有不同程度的缺陷;标引人员对文献主题的理解、标引技术的运用存在一定的差异;制约标引质量的因素众多,除了标引语言的质量、人员素质之外,检索系统的类型、检索系统的专业性质、服务对象的需求特点和检索习惯、馆藏文献特点等都是重要的因素。由此不难看出,文献标引既具有很高的严密性,又具有很大的灵活性,如果不能对文献标引的全过程进行规范化控制,就必然会造成文献标引工作的混乱,进而导致建立起来的文献检索系统的检索效率低下。总之,文献标引的质量如何,直接影响着文献的管理、检索和利用的效率。因此,必须努力将标引质量控制在合乎要求的水平上。

1. 衡量文献标引质量的要素

标引的质量要求是多方面的,其中主要的是正确、适度、一致。

(1)正确

所谓正确是要求标引的检索标识与文献内容相符合。尽管正确的标引并不意味着检索标识与内容完全相符,但是,它要求检索标识的含义明确,并且与内容最为相符,不允许检索标识与内容完全不相符或不相关。否则,标引就是不正确的,正确的标引可以发挥积极作用,不正确的标引将起到破坏作用。因此,正确是对标引的第一要求,正确性是衡量标引质量的首要标准。

(2)适度

所谓适度,主要是指标引的网罗度要适中,标引的专指度要适当。

标引的网罗度,也称穷举度,是指对文献内容进行标引的完备程度,具体表现为标引主题数量的多少。标引的网罗度主要取决于主题分析水平和主题分析的穷举度。标引网罗度的高低对检索效率有直接的影响;网罗度低,查全率就低;网罗度高,查全率查准率可以提高;网罗度过高,查准率会显著降低,因此,网罗度是衡量标引质量的重要标准。适中的网罗度一般要综合考虑标引单位或检索系统的条件、服务对象的需要、被标引的文献类型、电报局用的标引语言类型等多方面因素。

标引的专指度,是指单个检索标识或若干检索标识组合揭示文献主题内容的确切程度。标引专指度的高低与查准率的高低成正比,对查全率也有一定影响,因而也是衡量标引质量的一个重要标准。

标引网罗度和标引专指度是相互联系,但有所区别的。标引网罗度和专指度的综合反映就是标引深度。标引深度不足或过大都会对检索效率产生副作用。不同的标引单位或检索系统应该根据其设备条件、文献类型、用户需求、标引语言等因素规定合适的标引深度。如机检系统宜采用深标引,手检系统宜采用浅标引;专业单位对专业文献宜深标引,对非专业文献宜浅标引。标引具体一篇文献时,还应根据其文献价值决定适中的标引深度。

(3)一致

所谓一致主要是要求对同一文献或相同主题的文献赋予相同的检索标识;此外,也要求对同类型、同学科、同类主题的文献在标引方式、网罗度与专指度等方面保持一致。要求标引一致主要是对同一或同类单位、同一或相同检索系统采用相同标引语言所进行的标引而言的。作为衡量标引质量重要标准的一致性,既可以指不同标引人员之间的一致性,也可以指同一标引人员本身的先后一致性。

提高标引的一致性,可以提高查全率、查准率和检索的方便性、规律性,但是,标引的一致性受标引过程各环节以及标引人员水平、标引语言特点等多种因素影响,只有在测算标引一致性的基础上,分析标引不一致的原因,有针对性地加以改进,才能够达到较高的标引一致性。

2. 改善文献标引质量的措施

(1)选用权威的标引工具作为本单位文献标引的工具

权威的标引工具有科学的体系、严谨的结构、合理的词汇控制技术,据此可以建立良好的文献检索系统,权威的标引工具有较好的兼容性,有利于书目资源共享。《中国分类主题词表》是在《中图法》和《汉表》的基础上,编制的对照索引式的分类就是主题一体化的标引工具,可以同时满足文献分类标引和主题标引的需要,是一种理想的文献标引工具。

(2)遵守科学、实用的标引工作程序和基本标引规则

为防止标引过程中的随意性、人为性,减少标引误差,提高标引质量,遵守统一的工作程序和标引规则是极为重要的。标引规则中应对主题分析方法、标引方式选择、主题概念转换、标引词使用、组配方法等做出明确的规定,使标引工作有章可循。

(3)制定各单位的文献标引工作细则

一般来说,标引工作程序和标引规则间根据标引实践中总结的成功经验所作出的原则规定,具有普遍的适用性,但是由于文献标引的复杂性和灵活性,文献主题的多样性、检索系统的多样性、用户情报需求的多样性,基本规则不可能也不必要对各种细节作出规定。对于一个具体的图书馆、情报机构来说,为保证标引工作的规范化,还应在基本规则的基础上,结合本单位的实际情况制定更具体、实用的工作细则,如确定分类法的使用、确定标引深度、确定标题的组配级别、确定轮排方法、确定是否使用职号或加权,设计主题分析提纲、设计标引工作单等。

(4)提高标引人员素质

标引工作是一种专业性和技术性较强的智力劳动。为保证标引质量,必须提高标引人员素质。

(5)加强标引工作的组织管理

在标引工作的组织管理方面可实行岗位责任制,将每个标引人员必须承担的工作和职责明确规定下来,并严格实施,增强标引人员的责任感。可实行定额管理,规定合理的标引定额标准,使标准不至于过高、过低、过死,将数量与质量相结合,构成完整的工作业绩评价指标。

3. 主题标引人员的基本要求

文献标引是一项复杂的脑力劳动,它的产品中包含着很高的智能成分,不是随便什么人都能胜任的。一个文献标引人员,需要具备如下素质。

(1)要有较高的文化水平

文献标引就是由标引人员把文献的内容吃透,用精确而简练的语言加以概括,用准确的检索语言加以记录,这个过程中包含着多种文化知识的运用。没有较高的文化水平,在文献主题分析中就缺少阅读文献、驾驭材料、把握重点、去粗取精的能力。文化水平还体现在逻辑思维能力方面,做好文献标引,要求标引人员有较强的逻辑分析、判断、推理、归纳、综合的能力。这种能力一是体现在对所用检索语言的理解、把握方面;二是体现在主题分析过程中,能够由此及彼、由表及里、去伪存真地分析,透过现象抓住本质;三是体现在概念提炼、概念分解、概念组合时,能运用形式逻辑的原理,把握概念之间的逻辑关系,对文献主题进行正确的逻辑表达。外文文献和古籍文献的标引人员,还必须具备较高外语或古汉语水平。

广博的学科知识面,也是标引人员文化素质的重要体现。标引人员处理的文献往往是多学科的,并且涉及大量的交叉学科文献,标引人员的知识面越广,越容易把握学科之间的内在联系、正确分析文献主题,同时,各学科所特有的思维方式将有助于提高整体思维水平。

(2)要具有相关学科的专业知识

文献是各学科知识的记录,像学术论文、科研报告一类的文献,讨论的都是很专深的课题,没有一定的专业知识,就无法准确把握文献内容,了解课题的价值、它在该学科的地位,以及对其他学科的作用。大型的或专业性的图书情报机构,都应当根据自己的条件适当地进行专业分工。配备具有相关专业知识的人员从事标引工作,这一点对于主题标引来说尤为重要。

(3)要有坚实的情报检索理论与实践基础

首先,要对标引语言的原理、结构、功能、使用等有深入的了解,尤其是对所使用的标引语言要有透彻的认识,能熟练掌握,运用自如。其次,要对各种标引规则的实质、适用范围、使用方法、变通形式等有深入理解并能与标引实践结合起来。再次,要有文献检索的基础理论知识和一定的实践经验,不但对文献检索的全过程、各个环节的要点、影响检索效率的因素等有全面的了解,而且还应当具有一定的实践检索技能和经验。只有这样,才能熟练地运用标引语言和标引规则,很好地把文献标引与文献检索联系起来,保证标引的质量。

(4)要充分掌握检索系统的特点

文献标引一般都是针对建立特定的检索系统而进行的,熟悉和掌握检索系统的特点,对于正确地标引是极为重要的,检索系统的特点包括两个方面:一是检索系统自身的特点,是综合性的还是专业性的,是对社会服务的还是对内部服务的;检索系统的规模,是大型的还是中小型的;检索系统的标引对象,是普通图书还是期刊论文,或兼而有之;检索系统已存储文献的特点等。二是检索系统服务对象的特点,包括服务对象的文化程度、专业特点、检索能力、检索习惯,情报需求特点(专业检索系统,还要掌握不同时期因科研计划引起的情报需求变化)等。只有充分掌握检索系统的性质、功能、需求等特点,才能做到有针对性、有重点地标引,充分挖掘文献中对本检索系统有价值的情报内容,才能使标引人员的标引思路与情报用户的检索思路尽可能地相吻合,提高标引的有效性。

(5)要有认真、踏实的工作作风

文献标引从某种角度来说,是一项很费力而近乎"枯燥"的工作,年复一年地重复一个单调的工作程序,容易引起疲劳和烦躁感,如果没有认真、忠实的工作作风,往往会产生各种疏漏乃至错误。文献标引又是一种艺术,其中大量的技巧是教科书上所没有的,标引人员必须善于总结自己的和他人的经验与教训,体味各种标引差异对检索效率的影响,不断提高自己的标引技能和技巧。

第三节 分类主题一体化

分类检索语言与主题检索语言各有优点,分类主题一体化,就是指分类检索语言与主题检索语言有机结合的实现。分类主题一体化词表的实质就是一种实现了分类语言与主题语言兼容互换的系统,具体地说,是指在一个检索语言系统中(或由两种原本互相独立的检索语言合成的系统),对它们的分类表部分与主题词表部分的术语、参照、标识、索引四部分实施统一控制,从而能够满足分类标引和主题标引的需要,简称一体化检索语言或一体化词表。

一、分类主题一体化词表

分类主题一体化词表大致可以分为如下三种类型。

1. 分面叙词表

分面叙词表,如《教育主题词表》《社会科学检索词表》《音像资料叙词表》等,是最典型的一体化词表。通常由分面或半分面的分类表和字顺叙词表构成,有的还有英汉对照索引与轮排索引。分类表起传统主题词表词族索引和范畴索引的作用,字顺叙词表起分类表字顺索引的作用,可以直接用于主题标引与分类标引。这种词表结构新颖、性能优异、适应性广。

2. 分类主题词表

分类主题词表,又称为分类法—主题词表双向对照索引,如《中国分类主题词表》《中图法教育专业分类法》等。这种词表通常由分类号与主题词对应表、主题词与分类号对应表两部分组成。分类号与主题词对应表为每个类目列出其对应的一个或多个主题词或主题词串;主题词与分类号对应表为每个主题词列出其对应的一个或多个分类号。这种词表加上互相对应的部分以后,它的功能就超过了这两部分功能的总和。从兼容方面来看,分类主题词表不如分面叙词表。但是,从其实际的工作和影响来看,分类主题词表已远远超过了分面叙词表,并在图书情报界得到广泛推广和使用。

3. 集成词表

集成词表是"将某些特定主题领域的若干叙词表和分类法汇编成一种集成词表",用于联合分类标引和主题标引,实现分类语言与主题语言之间的兼容与互换。例如,中国医学科学院编制的《中图法 R 类与 MeSH、中医药学主题词表对照表》就是以一部分类表(《中图法》的医学类)为主干,与两部主题词表(国际医学界通用的《医学主题词表》和我国的《中医药学主题词表》)进行对应标引而形成的集成词表。用户在用《国图法》分类标引之后,通过该对照表可以很快地找到相应的主题词。集成词表是分类主题词表的发展,规模和功能也超过分类主题词表。山西省图书馆主持研发的,包括《中图法》《科图法》《人大法》及《汉语主题词表》在内的"标引对照系统",属于此类一体化词表,实际上是一种机读版的集成词表。

在一体化词表中,分类表不但能从学科分类的角度揭示主题概念的系统关系和等级关系,而且借助主题词表部分充分揭示主题概念的多重等级关系和相关关系,其功能优于单一的分类表;主题词表不但能揭示主题概念的相关关系、同一关系及组配关系,借助分类表部分还能充分揭示主题概念之间的系统关系和等级关系,其功能优于单一的主题词表。这种结合通过内部协调,使分类表和主题词表各自的特性和功能得到提高,使得一体化词表的整体功能高于它的各个部分功能的总和。

4. 分类主题一体化优点

实践证明,分类主题一体化检索语言主要有如下优点。

(1)标引人员可以同时完成文献资料的分类标引和主题标引,两种标引数据的互相转换可以节省人力和物力;

(2)用户可以在一个检索系统中同时进行字顺主题查询和系统分类查询,可以提高检索效率;

(3)用分面分析的方法编制分类输入数据表,可以保证编表选词的全面性和均匀性,保证构造词间关系的完整性和准确性;

(4)用手工拟定的分类表通过计算机自动生成字顺主题词表,可以提高编表的速度和质量;

(5)成为不同检索语言之间兼容互换的工具。

二、《中国分类主题词表》

《汉语主题词表》1980年出版后,并未得到广泛使用和迅速推广。为了加快主题法及《汉语主题词表》在我国图书馆界和情报界的应用推广,《中图法》编委会决定在分类法和主题法之间架设一座桥梁,即编制一部分类主题词表。《中国分类主题词表》作为国家"七五"哲学社会科学研究的重点项目,得到了国家社会科学基金的支持,于1987年正式启动,在国家图书馆(原北京图书馆)的主持下,该项目于1993年完成,1994年由北京华艺出版社正式出版。全书共2卷6个分册,约1 500万字。该项目后来荣获国家科技信息优秀成果奖二等奖和国家社科基金项目优秀成果奖二等奖。《中国分类主题词表》是在《中图法》(第3版)和《汉语主题词表》(第1版)基础上编制的,是两者双向对照索引式的一体化检索工具,是主题法与分类法之间的兼容互换工具。《中国分类主题词表》的研制,是我国情报检索语言发展史上的一件大事,具有重要的理论价值和实践意义,它现在已经基本取代了《汉语主题词表》,成为国内最通用的标引和检索工具之一。它对于加快发展我国文献数据库和信息检索系统的建设具有重要的意义。

《中国分类主题词表》是我国图书情报界为提高文献分类标引和主题标引质量、降低标引难度及补编主题目录等而编制的。它是针对我国图书馆情报界现行使用的标引与检索工具的状况,考虑到文献部门的实际需要,把我国图书情报界使用最广泛的两种检索语言,即《中图法》和《汉语主题词表》相结合而设计的一种分类语言与主题语言兼容互换的工具。

1.《中国分类主题词表》的意义

《中国分类主题词表》的编制完成,对我国图书情报界文献规范处理的现代化建设及检索语言学、术语学研究和数据库建立、检索系统的完善,都具有深远的影响和重大的现实意义。具体表现在如下几个方面:

(1)为建立综合性文献数据库,实现联机检索和信息资源共享奠定了基础。

(2)为完善图书馆目录体系,沟通分类和主题两大检索系统起到了推进作用,同时也促进了计算机检索和手工检索工具的研制。

(3)为联机多库检索系统中解决检索语言障碍,起到了中介词典的作用,推动了检索语言标准化的进程。

(4)在检索和标引系统中,能够实现分类主题一体化,可降低标引难度,提高检索效率和标引工作效率,为实现机助标引、自动标引创造了条件。

(5)从检索语言角度看,它已构成先组式等级分类语言与后组式主题语言相结合的分类主题一体化的检索语言,为检索语言兼容互换创造了条件。

(6)作为一个详尽的知识体系,可为科学研究提供较为详细的研究提纲,也为编制专业主题词表、专业文献分类法,提供了基本词汇和分类体系。

(7)为术语学的研究和术语库的建立提供了参考依据。

2.编制原则

《中国分类主题词表》编制原则,是为达到编制目的及其功能要求所制定的编制思想和指导原则。《中国分类主题词表》的功能要求主要是满足标引系统、检索系统中分类主题一体化。

它是在《汉语主题词表》和《中图法》的基础上编制的,以兼容为目的,以类目与主题词对应为手段。除新学科、新主题及明显的逻辑错误和兼容因素带来的《汉语主题词表》《中图法》的修订之外,不得擅自更改《汉语主题词表》《中图法》的基本要素及其内在结构。

由于《中国分类主题词表》在检索语言标准化体系中,起着中介桥梁的作用,因此,它的编制规则包括兼容对应规则、选词规则等,其制定的依据是《文献汉语叙词表编制规则》(GB13190-91)、《文献叙词标引规则》(GB3860-83 的修订版)、《〈中图法〉〈资料法〉第三版使用手册》,以及《文献分类标引规则》(国家标准送审稿),原则上不得与这些国家标准性规则相违背。

《中图法》与《汉语主题词表》在兼容对应过程中,如果二者出现概念描述相矛盾时,应当具体分析处理,以正确描述为准,对错误描述应予以修订。

如当《汉语主题词表》中具有用代关系的主题词分别与《中图法》中两个类目所描述的新概念相对应时,对这一矛盾现象应具体分析处理。

如果两个类目对应的主题词是等同概念,则属《中图法》列类错误,应修订《中图法》,取消非正式主题词对应的类目。

如果当两个对应的主题词不是真正的同义词和等同关系,而是大概念代小概念,应修订《汉语主题词表》,取消用代关系,将非正式主题词提升为正式主题词。

3. 体系结构

任何一部词表或分类法的体系结构都是为实现其功能而设计的,体系与其结构也是密切相关的。《中国分类主题词表》是从我国文献检索语言实际情况出发,选择了"分类法—主题词表对照索引"式的一体化体系。这种体系既不是单纯分类法的等级学科体系,也不是单纯的叙词字顺体系,而是二者相互对照、相互融合、互为索引的一体化体系。

当然,在这种体系中由于两者先组度的差异,主题词与类号不能全部做到一一对应,部分类目与主题词不能等值兼容,而是近似兼容或部分兼容,一个正式叙词可能对应两个以上体系分类法的类目,每个类目可能与两个以上的主题词或主题词词串对应。

《中国分类主题词表》是由如下三部分构成。

编制说明与使用说明。它是对《中国分类主题词表》编制目的、编制原理、编制结构及功能、使用方法等有关事项的总体说明。

《分类号—主题词对应表》，共一卷两册。这是《中国分类主题词表》从分类到主题、从类号到主题词的对照索引体系，包含了《中图法》《资料法》所有类目和对应主题词款目、对应注释，即由《中图法》的主表、7个附表和2个附录，以及《汉表》修订后的共10.5万多个主题词构成。它既是一部增加主题词（串）注释的新版《中图法》，又是一部以《中图法》分类体系组织的《汉表》分类索引。

《主题词—分类号对应表》，共一卷四册。这是《中国分类主题词表》从主题词到分类号、从标题到分类号的对照索引体系。它含有205 322个正式主题词和主题词串，以及14 690个非正式主题词。它既是一部以《中图法》类号为范畴号的《汉语主题词表》，又是一部主题词表式的《中图法》类目索引。

《中国分类主题词表》共收分类号—主题词对应款目210 012个，单个主题词110 686个，其中非正式主题词有14 690个，有相关参照的主题词有21 746个，与《汉表》相比增加了1 777个非主题词，增加了1 036个族首词，并把词族索引直接纳入主表，扩大了检索入口范围和族性、相关性检索的可能性；与《中图法》相比，类目基本没变，但增加了近16万个类目所含的或专指的、相关的主题，提高了主题的列举度，降低了《中图法》标引文献的难度。

4. 功能

《分类号—主题词对应表》与《主题词—分类号对应表》互为索引，可分别用于分类标引与主题标引，二者标引数据可以相互转换和补充，因而可以降低标引难度，提高标引质量，节省人力和物力，并能实现分类号和主题词的混合检索。

《中国分类主题词表》相当含有一个比较完善的分类体系标题表和字顺标题表。这为我国图书馆在现有分类目录的基础上补编主题目录或分类目录字顺主题索引提供了一条捷径。

《分类号—主题词对应表》可作为《汉语主题词表》的详细学科范畴索引。与《汉语主题词表》原范畴索引相比，它的分类体系与《中图法》取得一致，等级层次加深,有的已达到七八级,而且每级都配有类号和对应的主题词,都可以直接用来选词和标引文献。

《分类号—主题词对应表》还可作为《中图法》(含《资料法》)类目概念的主题词详解索引。因此,可消除《中图法》类目中的许多模糊概念,为理解类目提供了可靠的依据。

《主题词—分类号对应表》可作为《中图法》类目相关索引,使《中图法》(第三版)也能从主题字顺的角度来检索类目,填补了《中图法》(第三版)索引的空白,与《中图法》(第二版)索引相比,它是叙词表式的索引,并对先组式主题词串进行了有效轮排。

《主题词—分类号对应表》不仅是《汉语主题词表》的主表,并修订了《汉语主题词表》的主题词排序规则,改成按主题词的汉语拼音逐音节逐汉字排序,从而提高了主题词字面成族的机会,起到了字顺索引的作用,而且还包含了《汉语主题词表》的词族索引,并对《汉语主题词表》词族索引进行了修订,起到了《汉语主题词表》(修订版)的作用。

《中国分类主题词表》与国外出版的《分类法—叙词表双向对照索引》相比,它的结构更完整,除了有分类号、主题词外,还带有分类表的类名、注释、主题词表的注释和各种参考文献。虽然篇幅大些,但是它的功能更完备。

《中国分类主题词表》是在原类表和词表的基础上,寻找主题兼容、语义兼容和结构兼容的内容,在兼容过程中,除了修订以上二表不合理的地方,增加了一些必要的表达新概念、新主题的主题词,删除了一些陈旧过时的或过于专指的主题词外,对原类表和词表没有做大的改动。

总之,《中国分类主题词表》整体功能远远超过了《中图法》和《汉语主题词表》功能之和,实现了先组语言与后组语言结构语义等方面的兼容。

5.《中国分类主题词表》的基本要素

(1)《分类号—主题词对应表》的基本要素

该表的基本要素有:

①分类号、类目名称、注释(来源于《中图法》及《资料法》第三版);

②对应的主题词(来源于《汉语主题词表》,但新增了许多词);

③对应参见及注释说明（必要时用，主要用来解决一些特殊类目的主题词对应问题）。

④在分类标引之后，可得到主题词标识。因为每个分类号后都有与此表达概念相对应的全部主题词或主题词组配标题。但应注意到，主题标引毕竟不同于分类标引，特别是在表达概念的专指程度方面尤有差异。所以，通过分类号直接得到的主题词标识有时还应该结合文献主题内容从中挑选并进行审核。

（2）《主题词—分类号对应表》的基本要素

该表的基本要素有如下几个：

①单个主题词以及多个主题词的组配标题（前者来源于《汉语主题词表》以及新增词；后者则是《分类号—主题词对应表》的反向生成物）；

②主题词的含义注释及语义参照（来源于《汉语主题词表》，但族首词下采取等级关系全显示，其他词下的语义参照则简化）；

③对应的分类号（包括正式分类号与交替分类号，特殊情况下可缺省）；

④对应注释说明（必要时用，主要用于说明一些特殊主题词的对应问题）。

例如：

动态社会学　C91

D 社会动力学

　　社会动力学

Z 社会学

C 静态社会学

　　孔德（AUGUSTECOMTE，1798—1875）

社会科学—科学研究—法令　C01①

社会科学—哲学理论　C02

文学，各国　I3/7①⑦

注：可用世界地区表及专类复分表对应的主题词组配标引。

例如：

1313　　文学—日本；

1313.074　　小说史—日本—近代

三、分类主题一体化标引方法

《中国分类主题词表》是分类法主题法一体化的标引工具,既可用于文献分类标引,也可用于文献主题标引,并可使分类标引与主题标引结合起来,一次完成。使用本表进行分类标引或主题标引,都既可从《分类号—主题词对应表》入手,也可从《主题词—分类号对应表》入手。

1. 对文献分类标引的一般要求

文献分类标引必须以文献内容的学科或专业属性为主要依据,并顾及文献的其他特征。因此,分类标引时,应对文献进行周密的主题分析,查明文献的研究对象是什么,属于哪一学科或专业范围,写作目的是什么,属于何种文献类型,以及有哪些用途等,而不能单凭题名分类。

文献分类标引必须依据文献分类表及其使用规则,辨清类目的确切含义和范围,不能脱离类目之间的逻辑关系和类目注释的限定来孤立地理解类名的意义而进行分类。

文献分类标引必须符合专指性要求,即应把文献分入恰当的类目,而不能分入范围大于或小于文献实际内容的类目。只有当分类表中无确切类目时,才能分入范围较大的类目(上位类目)或与文献内容最密切的相关类目。

文献分类标引必须使文献能"尽其用",即符合实用性要求。应根据文献的具体内容和实际用途,在检索系统中提供必要数量的、切合需要的检索途径。

从《分类号—主题词对应表》入手进行分类标引时,主要是利用该对应的左栏,根据所查明的文献内容的学科或专业属性,由大类至小类逐步缩小范围,从而找到与文献内容相符的类目,这等于使用《中图法》或《资料法》进行分类标引,应遵守《〈中图法〉〈资料法〉(第三版)使用手册》中的各种规定,在查类时应注意:

采用《中国图书馆图书分类法》的单位不带"+"号的分类号,或带"+"的分类号中"+"号前的部分,采用《资料法》的单位使用完整的分类号,并将"+"号删除。

参看对应表左栏的对应主题词有助于辨别类目的含义,因为对应主题词往往比类名和类目注释中所列出的概念更多、更具体。

根据对应主题词转查《主题词—分类号对应表》,可以查出相关的分类号或交替类号(也就是说,此时《主题词—分类号对应表》起着分类表相关索引的作用)。

如果一个单位既编有分类目录,也编有主题目录,在分类检索过程中如有需要时,可根据《分类号—主题词对应表》所给出的对应主题词,在主题目录中进行扩检,即查出某一主题多方面的文献。

从《主题词—分类号对应表》入手进行分类标引和检索,是把《主题词—分类号对应表》作为分类表类目索引使用,使用时应当注意:

当不清楚某个主题概念属于哪个学科或专业范围,且从分类体系查找类目有困难时,可从《主题词—分类号对应表》入手,先查出对应的分类号,再查《分类号—题词对应表》进行核对,确定具体分类号(一般不能直接使用《主题词—分类号对应表》中所给出的分类号进行标引)。

当在一个主题词下列有多个分类号时,若其中有一个分类号不带"[ ]",其余带"[ ]"号的分类号的类目,或者几个分类号都不带"[ ]",则仔细对比各个类目之间的差别,选择适当的类目标引,必要时可作互见分类标引。若列出的两个类号是上下位类关系,则其中一个是类组类目或"其他"类,应辨别后标引。

对于带有圈码的分类号,应按圈码的指示,进行复分或仿分的组配标引。例如,文献主题是"中国四川人口调查",在《主题词—分类号对应表》中查得"人口调查—中国 924.25",根据圈码③的指示,利用《中国地区表》进行复分(该文献的具体分类号为 C924.257.1)。又如,文献主题是"植物药的临床应用",在《主题词—分类号对应表》中查得"植物药 R282.71⑦",根据圈码⑦的指示,利用专用复分表进行复分。

2. 对文献主题标引的一般要求

主题标引是针对文献所论及或涉及的事物进行标引,而不是针对文献内容的学科性质进行标引;标引用词必须是词表中的正式主题词,书写形式应与词表中的书面形式一致;标引时应遵守下列专指性规则和优先顺序:

必须首先选用词表中最切合文献主题的转指词标引,一般不得选用其上位或下位词标引;当词表中没有专指度相等的主题词时,则可选用两个(有时也可以用三个)最直接的上位主题词组配标引;当既无专指词又不能组配标引时,可选用一个最直接的上位词或最近义的、最相关的主题词标引;当用上位主题词或近义主题词标引也不合适时,可采用下列两种方法之一进行标引;即用一个自然语言词(其前加","号、词后加"△"号)附于上位主题词后作限定,以达到所要求的专指度,或者增补一个新词标引,所增新词前应标注"√"号,增补新词应做记录,写入词表相应的字顺位置。

组配标引应遵守下列规则:主题词组配必须是概念组配,相组配的几个主题词之间应具有概念交叉关系或概念限定关系;必须选用与文献主题最密切、最邻近的专指主题词进行组配;优先选用具有概念交叉关系的主题词组配。无概念交叉关系的主题词时,可选用具有概念限定关系的主题词组配。组配的结果要求概念清楚、确切。从《主题词—分类号对应表》入手进行主题标引和检索时,应当注意:

先将文献主题按分面分析原理分解成各个主题因素,然后在字顺中查找相应的主题词,如果《主题词—分类号对应表》中已列出与文献因素一致的主题词,或与文献主题含义一致的主题词串,可直接使用,否则,可进行组配标引,或上位标引,或靠词标引。

在主题检索过程中,除利用主题词的参照项进行扩检外,还可根据《主题词—分类号对应表》所提供的分类号,转查分类目录进行扩检;也可转查《分类号—主题词对应表》,从其左右栏获得更多的主题词进行扩检。从《分类号—主题词对应表》入手进行主题标引和检索时,应当注意:

如果一个单位既编制分类目录,又编制主题目录,则在分类标引的同时进行主题标引最方便且节省时间,因为分类标引必须利用《分类号—主题词对应表》,而该表的右栏就列出了与类目对应的主题词及主题词串;

如果对某个概念的相应主题词在《主题词—分类号对应表》中直接查找有困难,则可以从《分类号—主题词对应表》入手查,必要时再转查《主题词—分类号对应表》;对于主题词后带"各国""各种""按……分的"等概括性限定词的,应根据文献具体内容替换成专指词进行组配标引。

所查出的主题词串对于文献主题往往不够专指,可根据标引专指度要求,必要时查出其他主题词进行组配。

《分类号—主题词对应表》具有主题词表范畴索引的功能,所以也可参考它在主题目录中进行主题法的族性检索。

第五章　图书著录工作

目录是开启图书馆知识门户的钥匙,目录的组织工作是目录的形成和组织过程,也称文献编目,包括文献著录和文献标目两方面内容。文献著录,就是按照相应的规则与方法对各种类型文献的内容和形式特征进行分析、选择和记录的过程,文献著录的结果生成《通用书目款目》。文献标目就是按照图书馆的性质、任务和要求,对款目进行科学编排,形成具有一定体系的检索工具——目录。文献著录是编目工作的第一步,文献标目是编目工作的第二步,前者是后者的前提和基础,后者是前者的发展和目的。为了实现图书馆之间目录资源的共建共享,著录工作必须坚持标准化管理。本章主要介绍各种文献类型的标准化著录方法。

第一节　图书著录概述

一、图书著录的内容

1. 著录项目

图书著录是指在编制图书目录时,对图书内容和形式特征进行分析、选择和记录的过程。用于揭示图书外表形式和物质形态及内容特征的描述说明,称为著录项目,如题名、责任者、出版时间、开本、页码、价格、主题等。所有著录项目的组合称为通用款目,通用款目是编制其他款目格式的基础。通用款目添加具有排检功能的标目后,就产生各种检索款目。将检索款目按标目进行排序后,就组成相应的目录,如题名目录、责任者目录、分类目录、主题目录等。

2. 著录级次

中文图书的著录项目分主要项目和选择项目。

主要项目包括:题名与责任说明项的正题名、第一责任者;版本项的版本说明;

文献特殊细节;出版、发行项的出版地、出版者、出版日期;载体形态项的数量及特定文献类型标识、尺寸、附件;丛编项的丛编正题名、丛编编号、分丛编号;文献标准编号。

选择项目包括:并列题名、一般文献类型标识、其他题名信息、其他责任说明;印刷地、印刷者、印制日期;丛编并列题名、丛编其他题名信息、丛编责任说明、丛编ISSN;附注项;装帧、获得方式、附加说明。

仅著录主要项目的称为简要级次,除著录主要项目外,还著录部分选择项目的称为基本级次;凡著录主要项目和全部选择项目的称为详细级次。地方馆可采取仅著录基本级次,而全国编目中心则要进行详细目次的著录,以便于数据共享。

西文著录级次不划分著录项目性质,直接给出每级著录级次的著录单元,这里不做详细介绍。

3. 著录用标识符号

为便于人们识别不同语种文献的书目信息,利于国际书目信息交流,1974年出版的《国际标准书目著录(专著)》率先规定了著录用标识符号,我国在《文献著录总则》及其一系列分则和《西文文献著录条例》中均采用《国际书目著录标准》规定的标识符号。如表5-1所示:

表 5-1　著录用标识符号及其说明

符号	符号说明
—	项目标识符,用于分隔各著录项目,除题名与责任说明项外,各项著录前均用项目标识符"—"标识
[ ]	方括号用于一般资料标识和取自规定信息源以外的著录信息
=	等号用于标识文献的并列题名、并列责任说明、并列版本说明、丛编或分丛编的并列题名、连续出版物卷、期年月的第二标识系统、识别题名等
:	冒号用于标识文献其他题名信息、出版发行者、图及其他形态、丛编或分丛编的其他题名信息、获得方式等

续表

符号	符号说明
/	斜线用于标识文献题名后著录的第一责任说明、与本版有关的第一责任说明、丛编或分丛编的第一责任说明
;	分号用于标识不同责任方式的其他责任者、与本版有关的其他责任说明、第二出版发行地、同一责任说明的集合题名、尺寸、丛编或分丛编编号、连续出版物的后继标识系统
,	逗号用于标识有从属标识的从属题名、同一责任说明中的第二、第三责任者、附加版本说明、出版发行年、国际标准连续出版物编号、交替题名、分段页码
.	圆点用于标识分辑标识或没有分辑标识的从属题名,以及不同责任说明的其他题名、分丛编题名
+	加号用于载体形态项的附件之前
( )	圆括号用于标识丛编项、载体形态项的补充说明、文献标准编号与获得方式的附加说明、连续出版物卷、期、年月标识项中的年月标识
×	乘号用于载体形态项中文献特殊尺寸宽度与高度之间的标识
?	问号用于标识不能确定的著录内容,一般与"[ ]"结合使用
…	省略号用于标识省略的著录内容
-	连字符用于起讫连接
//	双斜线用于标识析出文献的出处

4. 著录用文字

著录用文字是指文献著录时所使用文字的字形、字体和语种等。字形指字的形体,如汉字用繁体字还是简体字;外文采用哪种拼写方法等;字体指文字书写方法;文种指用哪一文种著录。

文献著录必须采用统一、规范的文字形式,中、西文文献著录对文字使用的具体规定为:中文文献的题名与责任者项、版本项、文献特殊细节项、出版发行项和丛编项一般应使用在编文献本身的文字著录。汉字要采用规范化汉字。中文文献本身的文字出现错误时仍需照录,可将正确的文字著录其后,并用"[ ]"括起。中文文献的版次、出版发行年、载体形态项内的卷(册)数、页数、尺寸、价格等数字一律采用阿拉伯数字。西文文献著录的题名与责任者项、版本项、出版发行项、丛编项均按文献本身所用文字著录;文献载体形态项、附注项、标准编号与获得方式项用英文著录;每个著录项目首词的首字母应大写,某些著录单元,如交替题名、分辑题名、并列题名的首词首字母,著录项目中所引其他题名的首词首字母以及专有名词每个词的首字母也应大写;各种文献的大小写按各种语种的语法规则而定,如英、法文除专有名词外,一般均小写,而德文则规定,凡名词都应大写;错误的或拼错的单词应按文献所载形式著录,单词中所遗漏的字母可以使用方括号补著;个别项目文字的特殊规定见有关项目说明。

5. 著录格式

著录格式是构成款目的各个项目在载体上的排列顺序及其表述方式,分为卡片格式(分段著录格式)、书本格式(连续著录格式)、机读目录格式(是一种存储过程的过渡式格式)三种。卡片格式分为通用款目著录格式、排检款目两种类型。

通用款目著录格式为:

正题名[一般文献类型标识]=并列题名;其他题名信息/第一责任者;其他责任者.—版次及其他版本形式/与本版有关的责任者.—出版发行地:出版发行者,出版发行年(印刷地:印刷者,印刷年)

页数或卷(册)数:图;尺寸+附件.—(丛书名/丛书责任者,丛书国际标准连续出版物编号;丛书编号)

附注

国际标准书号(装帧获得方式提要)

Ⅰ.书名Ⅱ.责任者Ⅲ.主题Ⅳ.分类号

排检款目有题名款目、责任者款目、主题款目等,其著录格式为:

> 题名(或责任者,或主题词)
>
> 正题名[一般资料标识]=并列题名:其他题名信息/第一责任者;其他责任者.—版次/与版本有关的责任者.—文献特殊细节.—出版发行地:出版发行者,出版发行年(印制地:印制者,印制日期)
>
> 数量及其单位:图表及其他形态细节;尺寸+附件.(丛编名/丛编责任者,ISSN;丛编编号)
>
> 附注
>
> 文献标准编号(装订):获得方式
>
> 提要
>
> Ⅰ.题名Ⅱ.责任者Ⅲ.主题词Ⅳ.分类号

分类款目著录格式为:

> 分类号
>
> 正题名[一般资料标识]=并列题名:其他题名信息/第一责任者;其他责任者.—版次/与本版有关的其他责任者.—文献特殊细节.—出版发行地:出版发行者,出版发行年(印制地:印制者,印制日期)
>
> 数量及其单位:图表及其他形态细节;尺寸+附件.(丛编名/丛编责任者,ISSN;丛编编号)
>
> 附注
>
> 文献标准编号(装订):获得方式
>
> 提要
>
> Ⅰ.题名Ⅱ.责任者Ⅲ.主题词Ⅳ.分类号

书本式目录著录格式为:

> 正题名[一般文献类型标识]=并列题名:其他题名:其他题名信息/第一责任者;其他责任者.—版次及其他版本形式/与本版有关的责任说明.—出版发行地:出版发行者,出版发行年(印刷地:印刷者,印刷年).—页数或卷(册)数:图;尺寸+附件.—(丛书名/丛书责任说明,丛书国际标准连续出版物编号;丛书编号).—附注.—国际标准书号(装帧获得方式)
>
> 附注
>
> 提要

英文题名标目著录格式:

英文文献著录时,如果以题名做标目,则应采取悬行著录格式,即直接以题名与责任者项中的题名做标目,第一段各行移行时,均需缩进题名2个字符。

二、图书著录的标准

图书著录的标准主要有《国际书目著录标准》《中国文献编目规则》和《英美编目条例》等。

1. 国际书目著录标准

《国际标准书目著录》是国际图联根据1969年国际编目专家会议的建议而制定的一套供各类信息资源著录用的国际标准,针对不同的文献类型,分为如下10种:

《国际标准书目著录(总则)》,1977年;

《国际标准书目著录(专著)》,1974年第一版,1987年第二版;

《国际标准书目著录(连续出版物)》,1974年第一版,1987年第二版;

《国际标准书目著录(测绘资料)》,1974年第一版,1987年第二版;

《国际标准书目著录(古籍)》,1977年;

《国际标准书目著录(非书资料)》,1974年第一版,1987年第二版;

《国际标准书目著录(乐谱)》,1980年;

《国际标准书目著录(组成部分)》,1982年;

《国际标准书目著录(计算机文档)》,1990年；

《国际标准书目著录(电子资源)》,1997年。

2. 我国图书著录标准

自1983年起,我国颁布并实施了文献著录的一系列标准,具体包括：

GB 3792.1-83《文献著录总则》,1984年4月实施；

GB 3792.2-85《普通图书著录规则》,1985年10月实施；

GB 3792.3-85《连续出版物著录规则》,1985年10月实施；

GB 3792.4-85《非书资料著录规则》,1985年10月实施；

GB 3792.5-85《档案著录规则》,1986年1月实施；

GB 3792.6-86《地图资料著录规则》,1987年1月实施；

GB 3792.7-86《古籍著录规则》1987年10月实施。

《中国文献编目规则》对GB 3792系列文献著录国家标准的内容作了进一步修改完善,按文献编目具体操作的实际需要,对著录规则增加了许多新的内容,较以往颁布的国家标准更加具体明确。

《中国文献编目规则》包括著录法和标目法两大部分。著录法部分共15章,介绍文献著录的总则并按文献类型和著录方法编排规则。对著录法部分各章内容基本相同的规则条文,尽量避免"参见"方式,而采取直接列载,以利编目人员操作使用。规则各章均首列概括性内容的"通则"；著录部分各章的著录项目条文还有"目次",其中"序则"列居条文之首,除重复反映标识符号外,还揭示该著录项目的主要结构形式、规定信息源等。标目法(共4章)在文献著录的基础上,为编制书目款目、选择标目及规范形式,提供标目参照关系,以进行书目规范控制。

《中国文献编目规则》的特点具体表现在以下5个方面：

(1)客观著录原则方面,全面贯彻《国际书目著录标准》有关规定,取消GB 3792系列与国际书目资讯相悖的条款。例如,责任者名称按文献题名页原题著录,外国责任者姓名原文不再倒置著录；不再刻意地对未标明国籍的外国责任者,通过考证著录国别等。

(2)著录项目的设置方面,取消"提要项"及"中国文献标准编号"著录单元,与《国际书目著录标准》接轨。

(3)标识符号方面,遵照《国际书目著录标准》最新版对分卷(册)次和无分卷(册)次的从属题名前用圆点标识,如分卷(册)次后另有从属题名,从属题名前则用逗号标识;表示著作内容单位的卷数、回数、幕数作为其他题名信息,加冒号。

(4)著录技术方面,采用《国际书目著录标准》的一系列具体方法。例如:对同一责任方式的责任者著录三个,超过三个只著录第一个,其后用"…[等]"字表示;无总题名可依次著录三个题名,超过三个题名只著录第一个题名,其后用省略符号;等等。

(5)对文献类型划分进一步细化和补充。例如将原国家标准的《非书资料著录规则》细分为录音资料、影像资料、静画资料、缩微资料、计算机文档共5章,分别列载为详尽的著录规则条文。

《中国文献编目规则》不但较全面系统地涵盖了各类型文献,如包括普通图书、古籍、连续出版物、标准文献、科技报告、学位论文、金石拓片等14种文献,而且对著录方法进行了详细规定,包括各种著录方法,具备基本著录、多层次著录、分析著录,以及各类型文献标目的选取方法,即包括了制作一条供图书馆及文献情报机构文献检索用或供文献编辑、出版机构书目报道用的完整款目的全过程。因此,《中国文献编目规则》是一部完整的编目法,是我国文献编目工作标准化的重要依据。

第二节 图书著录的方法

根据《中国文献编目规则》,详细了解各种类型文献著录的基本方法是非常必要的。

一、图书著录方法

根据《中国文献编目规则》,著录基本项目为8大项,分别是题名与责任说明项、版本项、文献特殊细节项、出版项、发行项、载体形态项、丛编项、附注项、标准编号与获得方式项。

1. 题名与责任者项的著录

(1)题名著录

题名有正题名、并列题名和副题名三种形式。正题名是文献的主要题名,包括单纯题名、交替题名、共同题名或从属题名。题名著录的方法如下。

著录正题名时,要按文献所提供的题名形式如实著录,题名中具有语法作用的标点符号、数字和其他文种的文字也照录。

交替题名是正题名的一部分,著录于正题名的第一部分之后,用逗号","标识,题名中"原名""又名""或"等字样应照录。

合订题名的著录可分为:同一责任者的合订题名,一般依次著录两个,并用";"隔开,其余可著录于附注项;不同责任者的合订题名依次著录题名和责任者,不同题名与责任者之间用标识;不同责任者的合订题名在三个或三个以上时,只著录第一题名与责任者,其他均著到附注项中。

正题名由共同题名与从属题名构成的,应先著录共同题名,再著录从属题名,中间隔开。

并列题名是指文献题名由两种或两种以上文种的题名,未被著录为正题名的其他文种题名应作为并列题名著录于正题名之后,用"="标识。例如:现代竞争分析=Modern Competitive Analysis/[美]沙伦·奥斯特著;张志奇,李强,陈海威译。

副题名是对正题名的解释和进一步说明,有的通过":"或"()"或空格与正题名相连,无论何种形式,都应将此著录于正题名之后,用符号隔开。例如:

考研英语快速突破:写作/管卫东编著。

(2)责任者项著录

责任者项著录图书的责任者名称和责任方式,图书的责任者包括个人和团体。责任者著录的方法为:

第一责任说明前用"/"标识。著录同一责任方式的多个责任者,一般不超过三个,除第一个外,其余均用逗号","标识;超过三个责任者时中文编目只著录第一个,后用"…[等]"表示,英文编目在著录第一责任者后用"…[et al.]"表示。例如:

概率论与数理统计复习指南及典型题解/毕建芝,段生贵编著;

微型计算机常见故障及维修/李笑梅…[等]编著。

为区分不同朝代或国别的同姓名或同译名的不同责任者,责任者名称之前加上"( )",并在圆括弧内注明朝代或国别。其中,朝代仅用来著录清以前的古代责任者,以及中华人民共和国成立前的中国政府机关责任者(著"民国"等字样),外国责任者的国别若文献中没有提供,或有时无法确定,可先用"( )"著录,待查清后再予以补著;如果一书有多个责任者承担不同的责任方式,不同责任者之间用";"标识。例如:

间书/(清)朱逢甲编著;黄肃秋今译;黄岳校注;

齐民要术/(北魏)贾思勰著;

物质运动和力/( )罗杰斯(Rogers,E. M.)著;华新民译。

经过注释、修订、改编的著作,先著录原著者,再著录注释者、修订者、改编者。对经修改后题材有所改变的文艺类作品,则以改编者为第一责任者,将原著者著录于附注项。例如:

外科正宗/(明)陈实功撰;裘钦豪…[等]点校;

祥林嫂:越剧/袁雪芬改编(附注项注:原著者:鲁迅)。

如果图书有主编者,又有编辑者,只著录主编者;有主编者,又有编著者,先著录主编者,后著录编著者;1~2个著者的汇编本,先著录原著者,再著录汇编者。机关团体集体编写的著作,一般以机关团体名称著录,但在机关团体名称下有个人责任者时,按个人责任者著录。

责任者名称前后表示职位、学位、职称、出身、籍贯等的字样,均不著录。

英文编目中责任说明项只著录责任者名称及责任方式,对处于责任者名称之前的责任方式应照录,如:adapted from…by…(…根据…改编);edited by…(由…编);adapted by…(由…改编)等。在责任者名称的前后或后面用标明其职责身份的author,editor,translator等词语说明责任方式的,著录时应根据原序或在责任者名称前,或在责任者名称之后加逗号著录。

英文著录时,若书中没有提供责任者名称时,则不予著录。如果书名中的责任者名称与主要款目标目相同,责任者项可以不著录责任者名称,否则必须著录。

例如," The Complete Short Stories of H. G. Wells "一书著录时应以"uWells,H. G."作主要款目标目,责任说明项中可以省略该责任者名称。

"Mc Guffeey's New Third Eclectic Reader for Young Learners",其中"Mc Guffey"不能作为主要款目标目,责任说明项中则必须著录责任者名称。

(3)题名与责任者项的著录结构形式常用的题名与责任者项的著录结构形式有如下几种:

> 正题名/责任说明
>
> 正题名/第一责任说明;其他责任说明
>
> 正题名=并列题名/责任说明
>
> 正题名=并列题名:其他题名信息/责任说明
>
> 正题名:其他提名信息/责任说明
>
> 正题名/责任说明=并列题名/并列责任说明
>
> 题名/责任说明.题名/责任说明
>
> 题名;题名/责任说明
>
> 共同题名.从属题名标识,从属题名/责任说明
>
> 共同题名.从属题名/责任说明

2.版本项的著录

文献版本项的著录单元有:版本说明、与本版有关的责任说明、附加版本说明、并列版本说明、附加版本说明后的责任说明。版本说明分两种表示方法:数字表示方法、文字表示方法。

(1)数字表示法

数字表示法,是使用数字形式来表示版本的方法,除初版(第一版)外的各个版次均如实著录,省略"第"字,著为"X版"。例如:

中文著录形式为:.—2版;.—3版;.—1998版

英文著录形式为:.—2^{nd}ed.:.—3^{rd}ed.:.—1998^{th}ed.

(2)文字表示法

文字表示法,是使用文字形式来表示版本的方法为文字表示法,如:修订本、增

订本、增订版、改写版、改编版、新版、初印版、影印本等，应作为附加版本说明著录于版次之后，用逗号标识；无版次者，以上文字直接著录于本项之首。例如：

中文编目格式：.—修订版；.—增订版；.—改编版；.—预印版

英文编目格式：.—Corn Ed；.—Enl. Ed：.—Arr. Ed；.—Prelim, Ed

在版本说明中有时还会出现数字表示法和文字表示法并用的现象，即对版本的附加说明；例如：

.—2版,修订本；.—3版,增订本常用文史工具书简目/涂宗涛编著

.—2版,修订本傅雷家书/［傅雷著］；傅敏编.—3版,增补本

凡说明图书内容特点的版本文字，如：通俗本、缩写本、改写本、普及本、青年版、少年版、儿童版、初级本、试用本等，著录于版本项。例如：

水浒传/（明）吴承恩著.—少年版.—天津：新蕾出版社,1979

四世同堂/老舍著.—缩写本.—北京：北京出版社,1984

与本版有关的责任说明著录于版本说明之后，其前用斜线"/"标识。例如：

气功强身法/蒋敏达…［等］编.—2版,修订版/王崇行…［等］

修订书名中的版本说明文字应如实著录，不可著录于版本项。例如：

英美编目条例第二版简介/（英）E.J.亨特著；孔宪铠译

版本项著录的常用结构形式如下：

.—版次

.—版次/与本版有关的责任说明

.—版次,附加版本说明/与本版有关的责任说明

.—版本说明/与本版有关的责任说明＝并列版本说明/与本版有关的责任说明

.—版本说明/与本版有关的第一责任说明；与本版有关的第二责任说明；与本版有关的第三责任说明

.—版本说明/与本版有关的责任说明,附加版本说明/与附加版本有关的责任说明；版本说明

3. 出版发行项的著录

出版发行项包括出版发行地、出版发行者和出版发行年等内容。

出版发行地以出版发行机构所在地为准著录地名全称,有出版地不著录发行地;推测著录的出版发行地应在其后加注问号,无法推测著录至具体城市的出版发行地,可著录所在省名或国名;出版发行地完全无法推测著录的,可标识"出版地不详",以上著录内容均用方括号括起。如,

我的读书生活/冯玉祥著.—[重庆?]:三户图书刊行社,[19?]

社会科学概论/瞿秋白著.—[出版地不详]:霞社校印,1939

地名相同的不同出版发行地可在其后方括号内注明国别或地区名称。有两个出版发行地的,第二个出版发行地前用分号标识;三个或三个以上出版发行地的,按原顺序著录第一个地名,后加"…[等]"字。如,

朱元璋传/吴晗著.—北京;香港:三联书店,1965(1979重印)

小学生文库/《小学生文库》编委会编.—沈阳…[等]:辽宁人民出版社…[等]

出版发行者一般以出版发行机构为准,不著录出版发行机构代表人。有出版者的一般不再著录发行者,除国内知名并易于识别的出版发行者(如商务、中华、三联书店等)可著录简称外,其他均应著录全称。同时,充当责任者的出版者,可著录"著者""编者""译者"等字样。例如:

大学物理解题题典/宋士贤,郭晓枫编.—西安:西北工业大学出版社,2004.7

中华人民共和国行政区划图/中国地图出版社编.—2版.—北京:编者,1987

中西文献同时存在两个出版发行者的情况时,著录第二个出版发行者之前用冒号标识;同时有三个及三个以上出版发行者的,按顺序著录第一个,后加"…[等]"字样。

出版发行年按原书提供出版年如实著录,有出版年的一般不著录发行年,且著录时"年"字可省略。如文献提供的出版年有误,除如实著录外,应将考证所得的正确年代著录其后,并用"[ ]"括起,中文著录要在附注项加以说明,西文著录则用"West"的缩写"I.e."标识。文献无出版年或印刷年时,中西文文献均应推测著录,并用"[?]"标识,如[1981?],[196?]。

如果图书的有关出版发行资料不全,可用印刷地、印刷者、印刷年代替,将它们

著录于出版发行地、出版发行者、出版发行年的相应位置。如，

列宁论图书馆/《列宁论图书馆》编译小组编译. —北京:北京大学图书馆学系印,1975

由另外一个出版社重印时,可将印刷地、印刷者、印刷期著录在出版发行年之后,注明"重印"字样,并加圆括号括起。同一出版社多次印刷同一版本的图书时,应在出版年后注明该书的印刷时间。例如：

. —北京:外语教学与研究出版社,1985（上海:上海外语教育出版社,1987 重印）

朝花夕拾/鲁迅著. —北京:人民文学出版社,1979（1990 重印）

西文图书著录当图书的出版发行情况不完备时,将印刷说明著录在出版发行年之后,并用"( )"括起;如:. —［s.l.：s.n.］,1971（London:Wiggs）

出版发行项著录的常用结构形式有：

> . —出版地或发行地:出版者或发行者,出版年或发行年
>
> . —出版地或发行地;出版地或发行地:出版者或发行者,出版年或发行年
>
> . —出版地或发行地:出版者或发行者:出版者或发行者,出版年或发行年
>
> . —出版地或发行地:出版者或发行者;出版地或发行地:出版者或发行者,出版年或发行年
>
> . —出版地或发行地:出版者或发行者,出版年或发行年(印刷地:印刷者,印刷年)

4. 载体形态项的著录

载体形态项用来著录文献的物质形态,即在编文献的页数、图表材料、书型尺寸以及附件等内容。

页数以"页"为单位,包括正文、文前栏目和文后栏目;如正文页数与正文前后其他页数单独编码,则正文前后的页数可省略,若正文前后的内容特别重要且页数较多,则可采取分段著录的办法,并用","分开。例如：

15,287,13 页,350 页

在编文献页数按每章节单独存在,难以计算整体的页数或没有标明页数时,著录为"1册"。英文图书则只著录主要页码,100页之内应计数著录,超过100页则著录估计的页数,并在后面注明"in various pagings"字样。

图表材料包括附图、插图、冠图等,可依次著录为附图、插图、冠图或根据图的种类更详细地著为肖像、地图、照片、彩图等。英文文献则著录为"illustrition"的缩写形式"ill."。如在编文献中,图的种类较多时,中文可以"附图"概括,英文则须先著录"ill.",再标明图的类型;如有彩图或彩照时,英文著录为"colour"的缩写形式"col."。

书型尺寸的著录,按"cm"计算,不足1 cm的按1 cm计,如22.4 cm著录为23 cm。中西文图书一般只著录文献的高度(通常情况下,大32开(包括32开精装)为21 cm;普通32开为20 cm;小32开为19 cm;大16开为27 cm;普通16开为26 cm。当图书的宽度大于高度或不足高度的一半时,才用"高×宽"表示。

附件是指与图书内容有关,又独立于图书主体以外的附加材料。著录方法分为:附件与图书的主体部分联系密切,必须共同使用,一起入藏保管的,著录于载体形态项末尾,用"+"标识;但附件名称较长,须著录内容较多,或附件具有单独题名,并可脱离图书主体部分单独使用的,须将此附件著录于附注项中,以便读者查检。例如:

中国史稿/郭沫若编.—北京:人民出版社,1962

4册;20 cm

本书附件:中国史稿地图集.上集/郭沫若主编.—1979

平面设计范例入门与提高/东方人华主编;帅芸,帅飚,张琳编著.—北京:清华大学出版社,2004.1

302页;26 cm

本书附光盘1张

范例入门与提高丛书

载体形态项著录的一般结构形式:

```
页数:图;尺寸
页数:图;尺寸+附件
卷(册)数:图;尺寸
```

5. 丛书项的著录

丛书项是指丛书分散著录时使用的著录项目,包括正丛书名、并列丛书名、副丛书名及说明丛书名的文字、丛书责任说明、国际标准连续出版物编号(ISSN)、丛书编号、附属丛书名、附属丛书 ISSN 等著录单元。

丛书名包括正丛书名、并列丛书名、副丛书名及说明丛书名文字,其著录规定与书名基本相同。例如:

网络技术(三级)样题汇编/陈明编著.—北京:清华大学出版社,2003.12(计算机等级考试丛书)/谭浩强主编未标明丛书字样而属于丛书性质的图书,应按丛书著录。例如:

机械设计课程设计/朱文坚,黄平主编;何悦胜等编.—2 版.—广州:华南理工大学出版社,2004.1(机电工程系列教材)

文献编目工作/黄俊贵主编.—北京:北京图书馆出版社,2000.10(图书馆岗位培训教材/陈琪林,杜克主编)

具有多种文字的丛书名,其并列丛书名与正丛书名一并著录,中间用"="隔开。例如:

英美短篇时文选 = Short Articles Selected for Reading/陈翰荃选译;张树智注释.—2 版,修订本.—北京:商务印书馆,1983

367 页;19cm.—(英语世界丛书 = The World of English Books)

家庭用具巧作/黄立本编.—广州:科学普及出版社广州分社,1984

119 页;20cm.—(家庭小百科丛书 = 美化居室)

一种文献被同时收录到两种或两种以上的丛书中时,一般仅著录两种丛书的有关信息,并用( )标识。例如:

中国地方志总论/地方史志研究组编.—长春:吉林省图书馆学会,1981

367 页;19cm.—(中国地方史志丛书)(吉林省图书馆学会丛书)

丛书项著录的结构形式：

```
.—(丛书正书名)
.—(丛书正书名＝丛书并列书名)
.—(丛书正书名/丛书责任说明)
.—(丛书正书名;丛书编号)
.—(丛书正书名:丛书其他书名信息/丛书责任说明;丛书编号)
.—(丛书正书名,丛书 ISSN;丛书编号)
.—(丛书共同书名,分丛书名)
.—(丛书共同书名,分丛书标识,分丛书名)
.—(丛书共同书名,分丛书名,分丛书 ISSN)
.—(第一丛书名)(第二丛书名)
```

6. 附注项的著录

附注是对书名与责任者说明项、版本项、出版发行项、载体形态项、丛书项、标准书号与获得方式项以及图书的性质、用途等予以补充说明。常用附注项著录内容应包括：封面、书脊等处所题书名与书名页书名不同时，将封面书名、书脊书名放附注项加以标识，著录为"封面书名：×××""书脊书名：×××"。例如：

四世同堂.上/老舍著

（附注项注明"封面书名：四世同堂.第一部,惶惑"）

图书翻译本和转译本的说明，将说明部分放附注项标识，著录为"书名原文：×××"和译本出处。例如：

来自地狱的女人/谢尔顿著；吕明，顾尔历译.—北京：华艺出版社，1986

386 页；21cm

本书原名：If Tomorrow Comes

法国中尉的女人/（英）约翰.福尔斯著；陈安全译.—上海：上海译文出版社，2003.6

401 页；21 cm

世界文学名著普及本

书名原文:The French Lieutenant's Woman

书名变更或同一书名有两个或以上书名且没有反映在书名页上时,著录为"本书原名:×××""本书又名:×××";例如:

玉观音/海岩著.—北京:群众出版社,2003.4

408 页;21 cm

本书又名:在家等你

转印本、复印本、影印本、抽印本注明依据的原书;

说明图书用途、读者对象、适用范围的文字,如"高等院校专业教材""大学生读物"等,应在附注项加以标识。例如:

知识产权法案例教程/宋红松编著.—北京:北京大学出版社,2005.3

564 页;25 cm

21 世纪法学系列教材教学案例

机械原理/李燦,张宪民编著.—武汉:武汉理工大学出版社,2004.3

238 页;26 cm

教育部高等教育面向 21 世纪课程教材

对原文献出版发行项的修正补充,或载体形态项著录内容不明确时,应在附注项予以补充说明或修正。

7. 排检项的著录

排检项是用来记录检索点的著录项目,用于制作书名标目、责任者标目、主题标目、分类标目的内容,西文文献中这部分称为根查项,两者的差异在于标目选取的原则与方法不同。

中文文献首先编制的是不具有排检功能的通用款目,排检项应记录在编文献的特征,排检项依次著录可以作为排检点的书名、责任者、主题词和分类号,用罗马数字"I""n""m""iv"标识,同一类型的排检点有两个或两个以上时,再用"①""②""③"等表示先后顺序;排检用书名如果与著录正文书名完全相同时,只著录书名第一个字,其余用省略号"即可;排检用主题词、分类号分别依据《汉语主题词表》或《中国分类主题词表》《中国图书馆分类法》进行著录。

例:

> 图书在版编目工作手册/许绵主编;李泡光等编.—北京:人民出版社,
> 1994.2
> 　　167 页;20 cm
> 　　本书第八章为七则附录
> 　　ISBN 7-01-001949-5:￥6.50
> 　　Ⅰ.图…Ⅱ.①许…②李…Ⅲ.①图书编目:在版编目—手册②在版编目:图书编目—手册Ⅳ.G254.342-62

英文文献首先编制的是主要款目,并以主要款目为基础编制附加款目,即英文文献著录的每张款目上都有主要标目,根查项中则只著录附加款目标目,主题标目用阿拉伯数字标识,其他附加标目均用大写的罗马数字标识,其排列顺序一般为:个人姓名、机关团体名称、名称/书名、丛编名。根查项中的书名、丛编名若与著录正文中的正书名、正丛编名一致,用"Title.""Series."替代。

9. 分析著录的著录

分析著录是指将文献的一部分内容分析出来,作为一个独立的著录单元进行著录,用于著录各种载体的整套(本)文献或整篇文献所含重要组成部分,如整套文献的某一卷(册)、单行本中的某些章节、一套丛书中的某一种、某一文献所含的他人著作或重要附录等,通过分析著录来编制分析款目,可使文献中的某一部分内容得到内容充分揭示,分析款目又可分为题名分析款目、责任者分析款目、分类分析款目和主题分析款目。

分析著录的著录项目包括:题名与责任说明项、版本项、文献特殊细节项、出版、发行项、载体形态项、丛编项、附注项、标准编号与获得方式项;其中,文献特殊细节项、载体形态项、丛编项、附注项、标准编号与获得方式项为选择项目,可不予著录。

中文文献分析款目著录格式:

> 析出题名[一般文献类型标识]/责任说明
>   //整套(本)文献题名[一般文献类型标识]/责任说明.—版本.—出版发行.—第 X 页或第 X 卷(册)
>   附注

几点说明：

分析著录包括两部分：一为析出部分，一为含析出部分的整套(本)文献。整套(本)文献从析出题名的首字齐平处开始著录，回行突出一字，并连续著录其后著录项目或单元。第 X 页或第 X 卷(册)是指析出部分在整套(本)文献中所在的页码或卷(册)次等。由"//"引出的内容为整体文献部分，即析出文献的出处；附注项应另起一行著录，与析出题名首字齐平。

例 1：

> 精神分析派心理学/杨清著
>   //现代西方心理学主要派别/杨清著.—沈阳：辽宁人民出版社，1980.—第 338-429 页
>   本文为《现代西方心理学主要派别》中的一章，原稿系作者 1962 年在吉林师范大学任教时的讲义，1979 年又补充了有关内容。

例 2：

> 中国文献著录国家标准体系的形成和发展/罗健雄著
>   //中国图书馆学报.—1996，no.3 第 27-30,6 页

英文文献分析款目著录格式分："of"式分析著录格式和"in"式分析著录格式；其中"of"前为析出文献的标目和其他主要书目特征，"of"后引导析出文献的出处；"in"引导析出文献的出处。

二、地图资料的著录

地图资料种类繁多，著录时一定要注意对地图资料自身特征的揭示。按其自身的特点，地图资料可划分为区域性和绘制技术性两类。所谓区域性是指地图资料的内容总是以一个特定的地理区域为表现对象；绘制技术性是指地图资料在编绘与制作中，需要运用一定的数学方法和投影技术，以真实地表现它所反映地域的地形、地貌等特征，这些特征在地图著录中应放入制图细节项或数学基础项加以标识。

地图资料著录项目包括：地图名与责任说明项、版本项、数学数据项、出版发行项、载体形态项、丛编项、附注项、标准编号与有关记载项、提要项（或排检项）（西文称根查项）。

地图资料著录格式：

> 正图名＝并列图名：其他图名信息/第一责任说明；其他责任说明.—版次及其他版本形式/与本版有关的责任说明.—地图比例尺；地图投影（图廓坐标；二分点和历年）.—出版地：出版者，出版年、月（印刷地：印刷者，印制年、月）
>
> 数量和地图资料类型：其他形态细节；尺寸或开本＋附件.—（丛编正图名，丛编并列图名：丛编其他图名信息/丛编责任说明，国际标准连续出版物编号（ISSN）；丛编编号，分丛编图名）
>
> 附注
>
> 国际标准编号（装帧）：获得方式
>
> Ⅰ.图名 Ⅱ.责任者 Ⅲ.主题词 Ⅳ.分类号

地图的图名可能在地图上很多地方出现，一般情况下可按地图上总图名著录；无总图名的地图一般存在两个或两个以上的分图名，其著录方法与普通无总书名图书的书名著录基本相同；地图集以图名页上所题为准，其他题名处出现的图名，可在附注项加以标识；折叠式图的图廓内外不反映图名时，可根据封面、书脊、版权页、序言等处所题内容著录。

责任说明如在正图名项目中有所反映时，责任说明项可省略；存在并列图名的地图如责任说明仅使用与正图名一致的一种语言文字时,责任说明著录于所有并列图名之后,如责任说明使用多种语言文字时,责任说明应分别著录在与其文种相一致的图名之后。

地图比例尺是地图上的距离与它所表示的地面实际距离之比,对其著录应尽量采用比例尺来著录地图比例,即"1∶×××"的形式,如:1∶500 000,代表地图上 1 厘米相当于地面实际距离 5 千米;英文地图资料应在比例尺前用英文单词"Scale",如:Scale 1∶500 000;若地图上仅提供直线尺时,应推导成比例尺形式,推导出的比例尺著录于"[ ]"中;考证所得比例尺也著录在"[ ]"中;中国古地图用计里画方法表示比例尺时应照录,如:山东全图/(清)叶圭绶制. 一刻本. 一五里方;地形模型、断面图等。同时具有水平比例尺和垂直比例尺时,先著录水平比例尺,再著录垂直比例尺,并用"隔开,垂直比例尺前要用"垂直比例"(英文用"Verticalscale")标识,如:

1∶855 000. 垂直比例 1∶36 000

Scale 1∶3 800 000. Verticalscale ca. 1∶68 000

地图上未注明比例尺或比例尺不等的,应著录"未注比例"(英文为"Not Draw to scale")或"比例不等"(英文为"Scale varies")。

投影法是指在绘制地图时运用数学原理把地球表面点的经纬度相应地转换成平面上直角坐标的方法,只有在地图上标出投影说明才予以著录,著录时按地图上原题投影说明著录在比例尺之后,用";"隔开;如:

世界地图/地图出版社编制. —2 版. —1∶50 000 000;等差分纬线多圆锥投影

图廓坐标即地图坐标,是地图上表示地球表面东、西、南、北边的最大地域限度,著录时,首先著录地图的东、西经度限度,然后著录地图的南、北纬度限度,并按图廓的四条边由左至右,从上到下著录;经纬度以度、分、秒表示,两组经纬度之间用"/"斜线隔开;整个坐标说明著录于"( )"圆括号中。如:

(东经 45°35′—东经 88°63′/北纬 54°23′—北纬 23°34′);

英文著录方法与中文相同。

二分点是指黄道和天道相交的两个点。二分点每年都有微小的移动,故著录时要同时注明制图年份即历年,二分点著录为英文缩写词"eq.",历年著录于二分点之后,并将两者置于"( )"中。如:

（eq. 1988）

地图资料的出版发行项著录方法与普通文献基本相同，需注意的是，如原题出版地为旧称，除照录外，还应在其后加著现称，并用"[ ]"括起。

地图资料的载体形态项著录地图资料的数量及资料类型、其他形态细节、地图资料的尺寸以及附件等信息，须详细著录。

中文地图的数量及资料类型标识著录与图书的著录规则基本相同。若地图以幅图、面叶或一幅分切数张、散页函装等形式出现的，要按地图有关规定著录。如：

．—1 幅分切 8 张；．—8 幅

图名不能反映地图资料类型时，可将有关地图资料标识的名称（如地球仪、天球仪、立体模型等）著录于数量之后。如：

1 天球仪

．—1 立体模型

英文地图的数量及资料类型标识著录则更强调著录其特定资料标识。为此，《国际标准书目著录（测绘资料）》专门设附录作为英语国家编制特定资料标识的基础。如：

Atlas（图集）、Diagram（图表）、Globe（地或天球仪）、Map（地图）、Model（模型）、Plan（平面图）、Profile（纵断面图）、Remote sensing image（遥感影像图）、Section（横断面图）、View（鸟瞰图）等。若遇数幅图载于同一版面、一幅或数幅图分为几个部分印制或本身是一个图集时，可同中文一样著录。如：

．—12 maps：．—6 maps in 1 sheet：．—1 globe．

地图的其他形态细节单元依次著录地图的图幅数目、色彩、物质材料（纸张不著录）和支架等内容。著录时第一形态细节前用"广标识，第二及其以后的形态细节前使用"，"标识。如：．—1 atlas：250 col. maps；．—1 re-lief model：col.，plastic：．—2 幅：彩色，折叠加面。

单幅地图应著录地图的内廓尺寸，以"厘米"为单位著录其"长＊宽"；地图集的尺寸著录与普通图书相同，即著录封面尺寸；除地（天）球仪和球体剖面图以外，立体地图或模型还应加著高度，即著录其"长＊宽＊高"；地（天）球仪、球体剖面图及圆面二维资料均著录其直径；带附件的测绘资料应将附件著录其后。如：

．—1 幅：彩色；65×40 cm ：．—2 maps：col. ；60×40 cm. eachsheet；—．6 幅：彩

色;图廊不等;.—1 地球仪:塑料;28 cm。

三、标准文献的著录

标准文献主要指国家标准、行业标准(部标准)、地方标准和企业标准以及关于标准的条文说明等。标准文献的著录项目包括:题名与责任说明、版本项、文献特殊细节项、出版发行项、载体形态项、丛编项、附注项、标准编号与获得方式项。

标准文献的著录格式:

> 标准正题名[文献类型标识]=标准并列题名:标准其他题名信息/标准提出单位;标准起草单位;标准批准单位.—版次及其他版本说明.—标准发布(或批准)日期;标准实施(或执行)日期.—出版地:出版者,出版年、月(印刷地:印刷者,印刷年、月)
>
> 页数:图;尺寸.—(标准类型;标准代号)
>
> 附注
>
> 标准书号(装帧):获得方式
>
> Ⅰ.标准名称… Ⅱ.标准号… Ⅲ.主题 Ⅳ.分类号.

几点说明:

标准文献的责任说明依次著录提出单位、起草单位和批准单位,并将提出单位作为第一责任说明,起草单位超过三个,一般只著录第一个,后加"…[等]"字;例如:

文献著录总则/全国文献工作标准化委员会提出;全国文献工作标准化技术委员会六分会起草;国家标准局批准

3 号喷气燃料/中国石油化工总公司提出;石油化学科学研究院…[等]起草;国家技术监督局批准

著录中央各部名称时,其前的"中华人民共和国"字样应予省略;例如:

食品卫生检验方法:微生物学部分/卫计委卫生监督司提出;江西卫生防疫站起草;卫计委批准

标准文献的发布日期和实施日期包括年、月、日,用阿拉伯数字著录,年用四位数,月和日用双位数,单位数的月、日前必须加"0";年、月、日之间用连字符"—"连接,日期后分别加"发布""实施""完成"字样;实施日期前用分号隔开。例如:

.—2001—08—15 发布;2002—02—10 实施

.—2001—01—20 完成

标准文献的尺寸以 cm（厘米）为单位;一般只著录高度,位于插图或页数（无插图时）之后,其前用冒号;高度大于宽度的,应著录为"高×宽"。例如:

85 页:图;19 cm×26 cm

标准文献丛编项的著录内容为标准类型名称和标准号,标准类型名称指国家标准、行业标准（或部标准）,地方标准及企业标准的名称,与标准号一并置于圆括号之内;标准号由汉语拼音字母表示的代号和以阿拉伯数字表示的顺序号组成,字母与数字之间空格（半个汉字位置）,著于标准类型名称之后,用分号";"隔开。例如:

.—（中华人民共和国国家标准;GB 8537-94）

.—（中华人民共和国船舶行业标准;GB/T 806-94）

标准文献附注项的著录,必须注意的两点:关于"代替关系"的附注和关于"采用关系"的附注;"代替关系"附注指本标准取代数年前制订的标准。例如:

本标准（GB/T4754-94）代替 GB 4754-84。

"采用关系"附注用来说明国家标准与有关国际标准或国外先进标准的关系,包括等同采用、等效采用以及参照采用关系。例如:

（本标准）等同采用 IS0 5654/2-1985;

参照采用 ASM D1655-92C《Jet A-1 航空涡轮燃料》。

标准文献著录实例：

例1：

化学试剂：包装及标志/上海市化学工业局提出；上海市化学试剂，上海化学试剂采购供应站起草. —1983-06-06 发布；1984-08-01 实施. —北京：化学工业出版社，1983.10

7 页；26 cm. —（中华人民共和国化学工业部标准；HG3-119-83）

本标准代替 HG3-119-64

RMB0.15

Ⅰ. 化… Ⅱ. HG… Ⅲ.　Ⅳ. 1652.3

例2：

中国国家标准汇编. 249：GB 17233-17262/中国标准出版社总编室编. —北京：中国标准出版社，1999.6

671 页；26 cm

1998 年制订

ISBN 7-5066-1864-8（精装）：RMB120.00

Ⅰ. 中… Ⅱ. GB… Ⅲ.　Ⅳ. T-652.1

例3：

国家标准机械制图应用示例图册/《机械制图》国家标准工作组编. —北京：中国标准出版社，1985 195 页；29 cm

ISBN 7-5066-0168-0（平装）：RMB：22.00

Ⅰ. 国… Ⅰ… Ⅱ.

四、学位论文的著录

学位论文是指为获得相应学位而撰写提交的学术论文。按申请学位的不同，学位论文可分为学士论文、硕士论文和博士论文，其中学士论文占学位论文的绝大多数，不以传播为目的，仅储存于院校或科研机构。

学位论文的著录项目有：题名与责任说明、版本项、文献特殊细节项、出版发行项、载体形态项、附注项以及标准编号与获得方式项。学位论文的著录格式：

> 正题名[文献类型标识]=并列题名：其他题名信息/第一责任说明；其他责任说明．—版次及其他版本形式．—专业：研究方向；学位级别；学位授予单位；密级．—出版地：
> 出版者，出版时间
> 页数：图；尺寸+附件
> 附注
> 获得方式
> Ⅰ.题名 Ⅱ.责任者 Ⅲ.主题 Ⅳ.分类

几点说明：

学位论文的第一责任说明一般为该论文的作者，姓名后应加"[著]"字标识；而论文的指导教师等则著录为其他责任说明，导师姓名后应加著职称，如"XX 教授"等，并用"指导"来标识其责任方式。例如：

资源利用经济效果系数的理论与方法研究[学位论文]/朱小滨[著]；徐寿波，郑友敬教授指导。

学位论文的文献特殊细节项应作详细著录；如学位级别分学士、硕士和博士，学位授予单位后应加"授予"二字来标识。学位论文一般不公开发行，故出版者与授予单位一般情况下都相同，即为作者攻读学位的大学或科研机构，可将出版者著为"授予者"；学位论文附注的著录内容包括：关于外文提要的附注、关于导师的附注、出版年月的附注说明、关于正文所用外文的附注等。

学位论文著录实例：

例1：

> 探索一种检测典型草原草场退化的新方法［XL］/张剑［著］；韩兴国教授指导．—植物生态学：草原生态检测技术；硕士；中国科学院植物研究所授予．—北京：授予者，1999，10
>
> ［？］；光盘（DA200401；DB200401；DD200401）
>
> Ⅰ．探… Ⅱ．张… Ⅲ． Ⅳ．

五、非书资料的著录

非书资料是指以音响、图像等方式记录的有知识的载体，包括录音制品、录像制品、幻灯片和投影片、电影片、缩微制品、图片、模型、机读文件等。非书资料品种繁多，存储和传播知识的手段和技术与普通图书相比有了大的突破，是目前图书馆以及各种文献部门收藏和利用的一个重要方面。

1. 缩微资料的著录

缩微资料指通过缩微照相的方式将原始文献缩小若干倍数存储在感光材料上，并借助专用阅读器使用的文献，主要包括缩微胶片、缩微复制品、缩微卡片、缩微平片等，其著录项目的设置应同中西文相应文献类型的著录项目设置一致。

著录格式：

> 分类号　　　　　　载体代码索取号
>
> 　正题名=并列题名：其他题名信息［语种］/第一责任说明；其他责任说明．—版次及其他版本形式/与本版有关的责任说明．—文献特殊细节．—出版发行地：出版发行者，出版发行年（印刷地：印刷者，印刷年）
>
> 　数量：型号；缩率；色别+附件．—（系列正题名=系列并列题名：系列其他题名信息/系列责任者，国际标准系列编号）
>
> 　附注
>
> 　获得方式

说明：

中文卡片格式在索取号前著录载体代码；而英文则应在题名与责任说明项的正题名后用"［microform］"著录其一般资料标识。

数量、规格项中数量、型号、缩率、色别有其各自的表示方式。数量表示方法：单轴和双轴盒式缩微胶片数量单位为"盒"；开盘胶片数量单位为"盘"；其余为"张"；缩微资料的尺寸一般以毫米著录其"长×宽"，一般标准尺寸为"105 mm×148 mm"；单轴和双轴盒式缩微卷片、开盘式缩微卷片分 105 mm、70 mm、35 mm、16 mm、8 mm 五种，一般标准型号为 35 mm 和 16mm 两种，而缩微胶卷仅著录其宽度；缩率按缩微制品标明的缩率著录；色别则一般分为黑白、彩色两种。

2. 音像资料的著录

录音资料主要指循环录音带、盒式录音带、开盘录音带及唱片等各种录音制品，影像资料包括循环录像带、盒式录像带、开盘录像带及视盘等录像制品及盒式循环电影片、盒式电影片、开盘电影片及环式电影片等各种电影制品，其著录格式除附件部分略有不同外，其余部分基本相同。

录音资料著录格式：

分类号载体代码索取号

正题名［语种］=并列题名：其他题名信息/第一责任说明；其他责任说明.—版本说明/与本版有关的责任说明.—文献特殊细节.—出版地或发行地：出版者或发行者，出版日期或发行日期(制作地，制作者，制作日期)

数量及特定文献类型标识(商标名称或其他技术标志)(时间)：材料，速度，录制方法，磁迹，声道，降噪或补偿说明；尺寸+附件—(系列题名/系列责任说明，国际标准连续出版物号；系列编号，分系列)

附注

标准编号：获得方式

录像制品著录中附件部分除以上说明外，须添加色彩、配声等内容；电影制品的附件则仅须著录材料、色彩、配声、速度、声道等内容。

说明：

特定文献类型标识指录音制品的具体名称,如循环录音带、盒式录音带、开盘录音带、唱片等。

当特定文献类型标识不足以识别录音资料者必须著录其商标名称或其他技术标志,常见其他技术标志有:录音带:DAT（数字式）；唱片:CD、AHD、DAD。例如：

1 盒式录音带(DAT) (50 min 14 s)

文献类型中的时间指实际播放时间(时,h;分,min;秒,s)。

录音带速度是指录音磁带在每秒钟单位时间内传送的长度,用"cm/s"标识；常见录音带速度有:开盘式:76 cm/s 盒式 9.5 cm/s 等；唱片速度指每分钟单位时间内旋转的转数,用"r/min"和"m/s"标识。

录音制品的录制方法一般分单声、立体声两种；

磁带还应著录磁迹数和声道数,唱片不著录此项；

尺寸按载体形态和装载方式的不同分别著录,并用分号";"标识；若有附件应予著录并用加号标识；盒式录音带、循环录音带著录其磁带的宽度尺寸,标准磁带的尺寸不予著录；宽度尺寸为:盒式录音带 3.8 cm；循环录音带 6.3 cm；开盘录音带 6.3 cm。

六、多卷书的著录

多卷书是指同一著作分成若干卷册出版的图书。中文多卷书的基本特点是全书围绕一个中心主题展述,具有一个总书名,各卷之间联系紧密,一般不独立成书。多卷书的著录应分别反映其整体特征和各卷、册的特点,著录时采用整套著录、分卷著录。

多卷书如果一次出齐或一次到馆,应进行整套著录；对不是一次出齐尤其是非一次到馆的多卷书,可先进行分卷著录,并视具体情况进行综合著录。

多卷书的整套著录视整套书为一编目单元进行集中标引、集中著录并在书库中集中排架,整套著录是处理多卷书的主要方法；根据每卷书有无独立的分卷书名,多卷书的整套著录又分无分卷书名的整套著录和有分卷书名的整套著录。

1. 无分卷书名的著录

中文无分卷书名的多卷书著录采用单式整套著录,单式整套著录针对的是多卷书的各分卷只有自己的编次如"上、中、下册"等编次,而没有自己独立的分卷书名的多卷期出版物而言,如杨惠中、张彦斌主编的《大学英语词汇练习册》计划出版六册,所以该书分别使用"第一册""第二册""第三册"等编次。其格式与中编单式整套著录格式一致。

正题名[文献类型标识]=并列题名:副题名及说明题名文字/第一责任说明;其他责任说明.—版次及其他版本形式/与版本有关的责任说明.—文献特殊细节.—出版发行地:出版发行者,出版发行期~出版发行期(印制地:印制者,印制期~印制期)

文献总数(数量及其单位):图及其他形态;尺寸+附件.—(丛编名/丛编责任说明,国际标准连续出版物号;丛编编号,附属丛编数码或题名)

附注

文献标准编号(装订):获得方式

提要

Ⅰ.题名 Ⅱ.责任者 Ⅲ.主题词 Ⅳ.分类号

几点说明:

如果文献的各组成部分不是同一时间出版发行的,应分别著录其起讫时间,中间用"~"连接。

载体形态项的数量及其单位处著录该多卷期出版物的总卷、期数,如各卷期连续编码,则在总卷、期数后用"( )"加著该多卷期出版物的总数量及单位,如总页数等。

文献标准编号的著录,如整套文献及各组成部分都有文献标准编号,则先著录整套文献的标准编号,再依次著录各组成部分的标准编号;如整套文献没有自己的标准编号,则依次著录各组成部分的标准编号。

文献组成部分数量较多且馆藏不全的多卷期出版物,需用馆藏项来反映本馆的馆藏情况。

例1：

> 数学分析习题解析(上下册)/任亲谋主编.—西安：陕西师范大学出版社,2004.9
> 2册(855页);21cm.
> 高等学校经典教材辅导丛书
> ISBN7-5613-0994-5：(￥35.00)
> Ⅰ.数…Ⅱ.任…Ⅲ.Ⅳ.

2.有分卷书名的著录

针对各自具有独立题名的多卷期出版物(具有独立题名的丛书或多卷书)的著录,其著录内容分两部分:一部分是关于整套文献的著录内容,一部分是关于各组成部分的著录内容,著录时一般采取只对整套文献的各著录项目进行全面著录,而对揭示各组成部分的著录项目进行精简,凡与整套文献相同的著录项目内容以及在著录上无关紧要的著录项目内容不予著录。如《中国近代史丛书》编写组编写的《中国近代史丛书》一共10种,它们都没有自己独立的编次,但都有自己独立的题名,即《鸦片战争》《太平天国革命》《第二次鸦片战争》等。

复式整套著录的格式：

> 正题名[文献类型标识]=并列题名;副题名及题名说明文字/第一责任说明;其余责任说明.—版次及其他版本形式/与本版有关的责任说明.—文献特殊细节.—出版发行地:出版发行者,出版发行期(印制地:印制者,印制期~印制期)
>
> 文献总数(数量及其单位):图及其他形态;尺寸+附件.—(丛编号/丛编责任说明,国际标准连续出版物号;丛编编号,附属丛编数码或题名)
>
> 附注

> 子目
>
> 分卷期次:题名/责任说明.—版次.—出版年.—数量及其单位.—文献标准编号
>
> 分卷期次:题名/责任说明.—版次.—出版年.—数量及其单位.—文献标准编号
>
> 文献标准编号(装订):获得方式
>
> 提要
>
> Ⅰ.题名Ⅱ.责任者Ⅲ.主题词Ⅳ.分类号

几点说明：

以上整个著录格式前后用来揭示整套文献全貌，中间用子目形式具体揭示多卷期出版物的各个组成部分，可用于对不同于整套文献的各项内容进行详细描述；子目部分的丛书各书一般要著录责任说明和版次，而多卷书各书则不予著录。

馆藏不全的多卷期出版物进行著录时，应"子目"改为"本馆有"，即用"子目"表示馆藏齐全，用"本馆有"表示馆藏不全。

例如：

> 一代风流/欧阳山著.—广州:广东人民出版社,1959—1985,5册;20cm
>
> 第一卷,三家巷.—1959.—402页.—RMB0.92
>
> 第二卷,苦斗.—1962.—408～833页.—RMB1.00
>
> 第三卷,柳暗花明.—1981.—835～1269页.—RMB1.15
>
> 第四卷,圣地.—1981.—1270～1677页.—RMB2.20
>
> 第五卷,万年青.—1985.—1678～2108页.—RMB2.20
>
> Ⅰ.一… Ⅱ.欧阳… Ⅲ. Ⅳ.1247.5

3. 多卷书的著录

中文多卷书分卷著录时，书名与责任者项中先分别著录多卷书的总书名和分卷书名，再著录多卷书的总责任说明和分卷责任说明；有分卷编次的将其著录在分卷书名之前；分卷著录主要适用于一些暂时不能收藏完整的多卷书。

例如：

> 无线电电子学基础第二分册量子电子学/（美）皮尔斯（Pierce,J.R.）著；罗金波译. —北京：科学出版社，1974
> 99 页；20 cm×14 cm
> 0.28 元
> Ⅰ. 无… Ⅱ.（1）皮…（2）罗… Ⅲ. 主题词　Ⅳ. 分类号

七、丛书的著录

丛书是指由多种单独著作围绕一个共同主题或某些共同特征组合而成，每种书内容相对独立，并具有一个总书名的出版物。在中文图书中，丛书常标有"丛刊""丛书""文库""大全""读物"等字样。英文图书除使用"Series"一词外，还常用"Monographs""Classics""Reading""Re-ports"等词汇表示丛书。由于一套丛书的各册内容相对完整独立，即使是一次出版或一次到馆，习惯上应先进行分散著录（又称分析著录），再根据具体情况进行综合著录。从著录格式上与其他单行本图书一样，只是在丛编项进行丛书有关说明。

例如：

> 电子商务案例分析/田景熙编著. —南京：东南大学出版社，2005.2
> 252 页；26 cm . —（电子商务系列教程）
> 25.00 元
> Ⅰ. 电… Ⅱ. 田… Ⅲ. 主题词　Ⅳ.

对专题性或专科性丛书，只要是一次出齐或到馆，也可先整套著录再视具体情况分散著录。丛书的整套著录格式与多卷书整套著录格式基本一致；如果整套丛书非一次到馆，需在子目部分标注"本馆保存"字样。英文丛书的著录一般不采用整套著录，其分散著录格式基本与中文类似。

八、电子资源

电子资源的类型很多,按载体形式划分有磁盘型、光盘型、网络型等;按内容划分有图书、期刊、报纸、会议记录、参考工具书、程序(软件)、数据库、多媒体等;按存取方式划分有直接(本地)访问和远程(网络)访问。

电子资源自身的特点决定了电子资源著录时的一些特殊要求及著录项目,下面主要介绍一下有关电子资源的主要项目的著录方法。

1. 题名与责任者项的著录

电子资源的题名根据所著录文献的不同可以是类似印刷型文献的名称,如电子图书、电子期刊的题名,可以是程序的名称,还可以是个人或团体名称。无论正题名取自何处,电子资源必须在附注项著录正题名的来源。

电子资源应在正题名后著录文献类型标识"electronic resource",并置于方括号内。

2. 版本项的著录

版本项的规定信息源取自文献的主要信息源,即电子资源本身。电子资源常见的版本说明词有:"edition""issue""version""release""update"等。

在《国际标准书目著录(电子资源)》中建议书目机构省略远程存取的资源(如联机服务)的版本说明,如需要可在附注中说明,这是由于远程存取的资源经常会变化。

对于仅有微小变化的电子资源不能作为一个新的版本。微小变化包括数据拼写错误的修改、内容顺序的改变、输出格式或显示媒体的改变以及物理特征的变化(如记录密度)。必要时可将这些改变的细节著录于附注项内。有多种物理载体的电子资源(包括附件),若有多个版本说明,只需著录与整个电子资源相关的版本说明。

3. 电子资源类型及数量项的著录

电子资源类型及数量项记录电子资源特征,如资源类型、数量或说明等。可使用的术语有:Electronic Data(电子数据)、Electronic Program(s)(电子程序)及 Electronic Data and Program(s)(电子数据和程序)。如果电子资源的数量容易获得,可著录于电子资源类型后,用圆括号括起。

4. 出版发行项的著录

著录电子资源的出版发行项时需特别注意以下几点:远程访问的电子资源均作为已出版的电子资源处理;未出版的电子资源不著录其出版发行地、出版发行者,亦不使用"S.Ⅰ."(出版者不详);未出版的电子资源应著录其创建日期;其他日期(如,数据收集日期)著录于附注项。

5. 载体形态项的著录

电子资源的载体形态项包括:文献数量及单位标识、其他形态细节、尺寸及附件。需特别指出的是,远程访问的电子资源由于没有物理实体,一律不著录载体形态项。

文献数量及单位标识:电子资源载体形态种类很多,在著录时需依其文献特征选择相应的文献单位标识,如:Computer Chip Cartridge(计算机芯片)、Computer Disk(计算机磁盘)、Computer Optical Disc(计算机光盘)、Computer Tape Reel(计算机磁带)等。

对于特定规格的物理载体形式可使用其惯用术语(如:"CD-ROM""Photo CD""VCD""DVD""LD")。

其他形态细节:包括电子资源的声音、颜色等内容。

电子资源的尺寸单位可使用"in"(英寸)或"cm"(厘米)著录其直径、长度等。如光盘或磁盘的尺寸应著录其直径。

电子资源主体以外的、与电子资源主体结合使用并作为一个整体入藏的附加材料,可著录于载体形态项末尾。

6. 附注项的著录

附注项用于著录其他著录项目未能反映的信息,在其他著录项目中不便说明或不能反映的书目信息应著录于附注项。电子资源的附注项可包含电子资源种类、范围、系统要求及访问方式的说明、语言文字、题名、责任说明、版本与历史沿革、出版发行、载体形态、提要等丰富的内容。

当著录的其他部分未说明电子资源的性质、范围时,应作附注。

电子资源通常需著录系统要求,用"system Requirements:(系统要求:)"为固定导语,内容包括:电子资源设计要求使用的计算机机型、内存量、操作系统名称、软件要求(包括编程语言)、所需或推荐的外部设备的种类及特征、各种类型所需或推荐的硬件配置。

若电子资源只能通过远程访问时,须著录访问方式、访问途径、访问说明等。通常用"Mode of access"(访问方式)为固定导语。无论电子资源的正题名取自何处,均需在附注项内著录正题名的来源。远程访问的电子资源还可说明编目时的日期(即访问该资源的日期)。电子资源在类型和数量项没做说明的重要特征,应作附注。不便在载体形态项中说明的,但对电子资源使用有用的(特别是远程访问的电子资源)的载体形态细节(如颜色、声音),应作附注。电子资源(电子资源的特定拷贝)的相关特征(如本地设置的文件或数据集名称,转录日期等)、在本馆收藏情况及使用的限制条件,应作附注。

第六章 计算机编目

计算机技术推动着文献编目工作从传统的手工编目阶段向计算机编目、网络化联机联合编目阶段发展,也对编目的标准化问题提出了更高的要求。

第一节 计算机编目的发展

一、我国计算机编目的发展

机读目录是以代码的形式和特定格式结构记录在计算机存储载体上,能够被计算机识别并编辑出书目信息的目录形式。

机读目录起源于美国。1963年,计算机已经发展到能处理商业数据和科学技术数据,图书馆界也开始使用计算机处理事务性工作了。1965年1月产生了"标准机器可读目录记录款式的建议",即机读目录Ⅰ格式。1967年机读目录Ⅱ问世,开创了书刊机读目录在世界上正式使用的新时期。世界许多国家和地区图书馆都相继采用机读目录Ⅱ格式建立自己的机读目录系统,图书馆正式进入了自动化阶段。

我国对计算机编目的研究始于20世纪70年代。1973年,我国图书情报部门进行计算机技术的应用研究,之后,南京大学等单位陆续研制成功了小型汉字情报检索系统。与此同时,我国开始翻译国外机读目录资料,分析介绍国外书目工作自动化的动态。1979年,北京图书馆、北京大学图书馆、清华大学图书馆、中国科学院图书馆和图书进出口公司等单位共同引进并研究了美国国会图书馆的机读目录磁带格式,成立了"北京地区机读目录研制协作组",到20世纪80年代初,全国已有36个单位开展了计算机检索和编目的试验研究,引进国外书目数据库19种,并有6个部门已进入定题服务阶段。

1980年,我国颁布了国家标准《信息交换用汉字编码字符集(基本集)》(GB

2312-80)、《信息处理交换用的七位编码字符集》(GB 1988-80),并于1982年通过了参照ISO 2709制订的国家标准《文献目录信息交换用磁带格式》(GB 2901-82),这已是我国机读目录的框架结构。1983年,我国颁布了国家标准《文献著录总则》(GB 3792.1-83),1985年又出台了《普通图书著录规则》(GB 3792.2-85)。1986年国际机读目录格式的中译本面世,随后,北京图书馆、北京大学图书馆等分别编写了《中国机读目录通信格式》讨论稿,并于1988年依据新版国际机读目录格式对它进行了补充修订,1989年中国图书馆学会召开中国机读目录格式学术研讨会,并对上述讨论稿作了进一步修订、定稿。1992年2月,书目文献出版社正式出版的《中国机读目录通信格式》,基本是依据国际机读目录格式新版制订的,但它只规定了专著、连续出版物机读形式书目记录的字段标识符、指示符和子字段代码及记载在磁带、软盘等载体上的书目记录和它的内容标识符的逻辑和物理格式。

为进一步推进我国书目数据的规范、统一,加速文献信息网络的建设,实现国内外书目信息的交换与共享,北京图书馆于1995年4月5日制订出了中华人民共和国文化行业标准《中国机读目录格式》,并于1996年2月该标准作为文化行业标准(WH/T0503-96)开始正式实施。与此同时,国家图书馆又历时8年时间,于2004年3月研制出了机读目录格式的最新国家标准《新版中国机读目录格式使用手册》,并通过了文化部(现为文化和旅游部)组织的专家鉴定。

二、计算机联机编目的原则

对文献资源进行计算机编目,就需要遵循下列原则:

1. 标准化、规范化原则

标准化、规范化原则,实际上就是实现机读目录的标准化规范化。为了编制统一的机读目录,以便利各地读者与用户的使用,实现资源共享,图书馆必须坚持计算机编目标准化原则。首先,必须采用标准化的机读目录格式;其次,严格按照机读目录格式进行著录;第三,根据机读目录标准的变化(修订)对原有目录做必要的修改。目前,多数图书馆采用的《中国机读目录格式》,所设的字段、子字段较多,一不注意就容易出错。如把卷(册)号著录在200字段的题名后,把附录说明著录在225字段的丛编项目中,把第二出版者著录在210字段等,要想使每条目录数据都成为规范的目录数据,也就有必要促使编目员彻底弄清楚整个中国机读目录格式,了解每个字段的著录技术,使之能严格按照标准化的机读目录格式去编制标准的目录数据。因此,确定标准化规范化的原则,使编目人员遵循标准化规范化的原则做好编目数据非常必要。

2. 客观性一致性原则

客观性一致性原则,指图书馆的计算机编目应保持数据的客观性,如实地描述编目对象的形式特征、内容特征和前后做法一致(相同)的原则。计算机的编目工作一贯遵循有关原则,坚决按照所订编目细则去查重、著录、审核、校正。这既是为了保证编目工作的一致性和客观性,也是为了保证机读目录的一致与客观。在实际工作中,有的编目操作较容易保持一致,有些则需特别注意才能达到前后一致,一不注意就会出现前后不一致的做法。例如,对多卷书的著录,如不注意就会出现第一版的集中在一条数据中著录,后来的2、3、4版等作分卷著录等现象。没有统一卷册号的同类系列书,不注意时往往会出现有几种用同一种次号著录,有的则另用种次号著录等不一致现象。有的编目员在著录时,往往会对一些著录内容作简化处理,这样会出现一些不够客观的著录,影响编目的准确性;如把"某出版社编"著录为"本社编",把"某某编写组编"简化为"本书编写组编"等,这样的著录如作机检是检不出来的。

3. 重点著录原则

重点著录原则,所谓重点著录原则是指图书馆在计算机编目中,应简化不必要的著录,使编制出来的机读目录数据简单明了,即编目数据要讲求经济实用。中国机读目录格式字段共有几百个,如果全部著录的话就显得极为烦琐,例如,没有分卷(册)题名的分卷附属、一般性附注、第二以后的出版社等,都不能作为检索点的著录项目,可采取省略这些项,简化著录作为主要的检索点项目。随着图书馆典藏文献数字化进程的深入,图书馆编制的机读目录又可以作为读者与用户去检索网络中的数字化文献之用,因此未来的机读目录也就是元数据的一种,所以当前的机读目录有必要吸收元数据"简洁、灵活、易于操作"等特点编制出两种文献资源都适用并能与元数据相结合的机读目录。

4. 检索点重点著录原则

检索点重点著录原则，即计算机编目中应确保设置尽可能多的检索点，为读者与用户提供多方面的检索途径。在推行简化著录的过程中，有用的检索点不但不能简化掉，而且应进一步丰富。目录的作用，在于方便读者检索文献知识，好的检索点越多越丰富，机读目录的检索作用就越大；机读目录的每个检索点都是该目录的一个检索切入口，每个检索点就是获取文献知识的途径。为了保证不同类型的用户群，从不同角度都能成功检索到自己需要的书目，联机合作编目机构对机读目录检索字段的编制作严格规范；从 0XX 到 7XX 字段，只有 3XX 字段对应《国际书目著录标准》的辅助项，不产生检索点，其余字段都提供了题名、责任者、国际标准书号、主题词、分类号等相应的检索点。因此，编目员应先明确中国机读目录格式中作为检索点的字段、子字段，以免漏著或放弃著录某些检索点；另外还需注意的一点就是，编目人员在作中国机读目录格式的新增著录时，有些自动生成字段会失去自动生成功能，一不注意在作为检索点的字段中删除其内容后不去补充新的内容，就会因其已不能自动生成而造成检索点的丢失；因此，编目员要将重要的检索点字段做详细著录。

5. 实用性原则

实用性原则是指图书馆编目工作应从编制实用性强的目录数据出发，始终围绕着提供实用性强的目录数据这一目的进行。

检验编目工作是否做好，最好的尺度就是在目录数据的实际使用上，方便读者与用户使用的，能使读者与用户满意的目录数据，才是实用性强的数据，并说明图书馆的编目工作做得好，因此，编目工作需围绕编制实用的目录数据而开展工作，要重视编目数据的实用性。

第二节 联机编目

随着书目信息作为商品被图书馆普遍接受，特别是随着联机或网络方式获取书目信息成为可能，编目工作形态也从过去完全靠自己给文献编目转为参考别人完成较好的书目记录或直接利用他人的编目成果，即编目工作正逐渐发展为以套录数据为主、原始编目为辅的模式。

1.传统的合作编目形式

传统的合作编目的形式主要有：

(1)集中编目

集中编目是指由一个中心机构为多个图书馆提供服务,中心机构把自己的编目成果通过发行目录卡片、书本式目录和机读目录等形式提供给成员馆共享。实行集中编目,可以节省人力,降低成本,避免重复劳动,规范编目数据,提高编目质量,提高文献资源的开发和利用水平。集中编目不仅要有全国的集中编目中心,还要有地区编目中心、专业编目中心、商业编目中心,以形成一个多层次的集中编目体系。

(2)联合编目

联合编目是指由数个图书馆分担编目工作,而不是由一个中心机构集中操作,编目成果由各个图书馆共享。开展联合编目,有助于加快编目速度,扩大文献覆盖面,利于编制联合目录,为下一步开展馆际互借、藏书协调、充分开发文献资源打下良好基础。开展联合编目是编辑联合目录的重要手段,各个图书馆的编目工作独立进行,由一个中心机构进行集中、协调,编辑出版反映各馆藏书情况的联合目录。

(3)合作编目

合作编目是集中编目和联合编目的融合,也叫共享编目。指以一个权威机构的编目数据为主,其他参与合作机构的补充编目数据为辅,各机构通力协作共同完成文献编目工作,共同分享编目成果。合作编目与联合编目并无本质区别,只是范围从一国发展到数国乃至全世界。

(4)在版编目

在版编目是指图书在编辑出版过程中,先由图书馆或其他部门根据出版机构提供的出版物校样进行编目,然后再由出版社将编目资料印刷在图书上,使图书的编目资料能同时为出版机构、图书馆、文献发行部门所利用。

集中编目、联合编目、合作编目是比较传统的文献信息资源共建共享的形式,存在着编目成果传输途径少,传输速度慢、编目周期长、成本高等缺点。虽然现在大多数图书馆都实现了计算机编目,编目速度较以前的手工编目已有了很大程度的提高,但面对读者对信息需求的及时性、动态性,这还是远远不够的。随着大量的图书、期刊以及图像、声音等各种类型的信息的涌现,只靠少数图书馆承担文献信息资源建设的任务几乎是不可能的。尽管现在有许多图书馆利用计算机编目套录一些编目中心的书目数据,大大缩短了编目工作的周期,但由于外来数据(以磁盘或邮件等形式发送)在编目中心要累积一批数据才往外发送,这意味着有大部分数据要在编目中心滞留一段时间,另外还存在邮寄时间长、邮寄时间不确定等因素,不能很好地解决编目与读者利用信息资源实时性需求的矛盾。而在版编目数据比较简单,也不是机读目录格式,不能直接利用,还要重复录入,另外它是利用出版物校样进行编目,也存在编目成果不精确的缺点。造成这些问题的原因主要是以往编目成果共享的成本较高,往往大于各馆自己编目的成本,现代图书馆网络的建设使得编目成果可以自由通过网络传递,图书馆可以以较低的费用实施联机编目,快速实现编目成果共享。

2. 联机合作编目

联机编目,是电子计算机技术、现代通信技术和多媒体技术相结合,通过网络实现的一种新的编目形式。它是一种远程信息处理及资源共享的活动,是不同地点或地区图书馆之间联合起来,以减少重复劳动,共同分担日常任务的编目工作方式。网上各馆在编目时,通过统一规划和分工合作,利用中央书目数据库中的全部或部分数据来完成自己的作业,同时向其提供各自的馆藏信息,构造网上联合目录,为馆际互借、文献传输奠定物质基础。联机编目的数据库建设既可以由各成员馆输入原始数据,也可将编目中心所发行的机读目录数据直接作为数据库的一部分加以利用。联机编目使繁重的编目工作由许多图书馆共同承担,而不是由一个图书馆承担或集中于某中心机构,同时,也使集中编目成果(机读目录)得到了充分利用。可以说,联机编目是计算机化的合作编目,也就是联机合作编目。

与传统的合作编目形式相比较,联机编目是最现实可行的。要实现文献信息资源共享的关键环节就是设计和建立网络联机编目系统。然而,我国大多数图书馆一开始都是在用自己的图书馆自动化集成系统,这些相对独立的网络,在各自的系统及局域网内只能提供单一的检索服务,而且检索数据资源匮乏,交互性差,检索过程缺乏顺畅及延展性。由于各系统的数据库类型、规模和数据结构不尽相同,数据存储、数据组织和标识系统设计等方面也有差异,有的采用自定义格式,并且没有与标准机读目录进行交换的接口软件,使得部分机读目录数据不能相互兼容,给直接交换与合并数据造成困难,必须使用专门的应用软件才能转换书目数据格式,如美国机读目录格式、中国机读目录格式、国际机读目录格式之间的转换软件。另外,各系统的书目检索界面与检索方法也各自不同,即使各图书馆之间实现联网,用户也难于实现书目数据的上传、下载。如何建立一种能够在不同的检索系统和数据库之间,以超文本链接进行自由查询,检索结果广泛、准确且可以无障碍地返回客户端的高性能网络系统,成为图书馆资源共享急需解决的课题。

参考文献

[1] 傅夏仙.管理学[M].杭州:浙江大学出版社,2007.

[2] 韩乐江,李朝晖.管理学基础[M].北京:中国商务出版社,2009.

[3] 亨利·法约尔.工业管理与一般管理[M].迟力耕,张璇,译.北京:机械工业出版社,2007.

[4] 罗珉.管理学[M].北京:机械工业出版社,2006.

[5] 张兰霞.新管理理论丛林[M].沈阳:辽宁人民出版社,2001.

[6] 芮明杰.管理学:现代的观点[M].上海:上海人民出版社,1999.

[7] 鲍林涛.图书馆管理学[M].北京:学苑出版社,1989.

[8] 于鸣镝.图书馆管理学纲要[M].沈阳:辽宁人民出版社,1986.

[9] 黄宗忠.图书馆管理学[M].武汉:武汉大学出版社,1992.

[10] 谭祥金.图书馆管理综论[M].北京:北京图书馆出版社,1997.

[11] 潘寅生.图书馆管理工作[M].北京:北京图书馆出版社,2001.

[12] 官鸣.管理哲学[M].上海:知识出版社,1993.

[13] 肖明.管理哲学纲要[M].北京:红旗出版社,1987.

[14] 杨伍栓.管理哲学新论[M].北京:北京大学出版社,2003.